精准记忆

每个人都要掌握的高效记忆法

王子韩 ◎ 著

中国商业出版社

图书在版编目（CIP）数据

精准记忆：每个人都要掌握的高效记忆法 / 王子韩著 . -- 北京：中国商业出版社，2019.9
ISBN 978-7-5208-0895-8

Ⅰ.①精… Ⅱ.①王… Ⅲ.①记忆术 Ⅳ.①B842.3

中国版本图书馆 CIP 数据核字（2019）第 196310 号

责任编辑：杜辉

中国商业出版社出版发行
010-63180647 www.c-cbook.com
（100053 北京广安门内报国寺 1 号）
新华书店经销
三河市长城印刷有限公司印刷
*
710 毫米 ×1000 毫米　16 开　13.5 印张　180 千字
2019 年 10 月第 1 版　2019 年 10 月第 1 次印刷
定价：48.00 元
****
（如有印装质量问题可更换）

请小心打开,这本书将可能重新定义你对大脑的认识!

阅书八感

作者恩师、著名企业家导师：黄国辉

感悟一：通俗易懂、简洁明了、操作简单、得心应手。

感悟二：深入浅出，大到入道，小至接地气，老少皆宜，可解决当下少年儿童的记忆之惑，亦可解决中老年人健忘早衰之苦。

感悟三：雅俗共赏，妙法莲花，普法春笋，乃当记忆之大法，不可二存的记忆之经！

感悟四：扬我华夏文明之载体，弘我中华文化之精品，并承袭弘扬国学之锦囊。

感悟五：因造化不济，修行不足，又生不逢时，故悔恨自己，少年未识子韩，悔我当初学而忘之甚多……

感悟六：妙修正法，起但是缘！唯子韩，功德福报双修并至，生此妙文真经，前无古人已成事实！后无来者在下不敢轻言。

感悟七：在下拜读之时，顿觉相见恨晚，方觉人未老！今生唯精进，方感少年强！又如沐春风、再见记忆不衰之曙光，不再因记忆之缺，责怪自己青春已逝，方悟人痴不知妙经正法。

感悟八：子韩初给我时，名称为《精准记忆法》，我读完之后，唯觉方法不足以诠释内容，因为"法无定法，万法归宗"。宗法为经，经生百相万法。所以我第一时间致信子韩老师："更名为《记易经》都不为过！"佛界曰："佛言者为经，僧语者为法！"佛非神奇之人，佛为某领域开悟之人，窃以为子韩记忆之域已经开悟，此文定能引导众生。子韩记忆方面已大彻大悟，更名《记易经》绝不为过，阿弥陀佛！

有君乃国辉之福，愧不敢当君之师，恐误人子弟！君乃吾师也！

作者自序

第一，我非常感谢我的父母，不遗余力地给予我最好的教育。父母是我前行的明灯，他们一直激励着、鼓励着我前进，让我浑身充满力量。如果没有我的父母，我不可能来到这世上，也更不可能出版这本书。

第二，我也要感谢我的夫人，在我无数个奋笔疾书的日夜，她一直在背后全力支持着我，在精神上不断给我打气。正是因为她对这个家庭的默默付出，我才能抽空好好写本书。

第三，我非常感谢我们子韩教育全体成员的支持，在无数次教学碰撞和总结中，我对本书的理论及实践部分有了更多的理解与创新。

为什么我要写这本书呢？我曾在全国数百个城市演讲，在和学生们交流中，我发现现在的孩子普遍学习压力巨大，很多孩子在学习中极其缺少学习方法，孩子们学得快也忘得快。

通过调查，我发现记忆力是学生们学习中最需要攻克的难关，很多学生都是在死记硬背，知识不过脑子。同时我还了解到，现在大多数孩子写作业的时间比原定时间还要长，其根本原因就是老师教完后他们没记住，花费大量时间去找课题资料及复习之前学的内容，导致浪费了很多的时间。

我经常在不同城市演讲记忆法，就是希望更多孩子能够用正确的方法学习，高效记忆。但是，我深深地感觉到，由于我演讲的时间和精力有限，还有很多地方我无法普及。为了能够快速普及学习方法，提高学生的记忆力,我特意将自己主讲的《记忆大师学神班》30课时的特训营,首次以书本的形式来呈现。

这是一本可以细细品味的书,也是一本值得重复翻阅的书。

这本书会让你重新认识大脑,同时我也在书中揭秘了我在课程中主讲的核心记忆方法,并加入了实战训练部分。可以说这是一本集实战、实用、实效于一体的书。

最后,子韩老师衷心希望《精准记忆》一书能帮助你在日后学习及未来人生中越飞越高!

前 言

一切的知识不过是记忆

英国唯物主义哲学家弗朗西斯·培根曾说过:"一切的知识不过是记忆。"

语文中的小到字词、大到课文都要背诵记忆;

英语的单词、短语、句子、课文也都要记忆;

物理、数学中的概念、公式,政治、历史、地理中的知识点等也都需要记忆;

……

学习离不开记忆,就拿写作来说,记忆的东西多了,写文章也会更加得心应手。

记忆无处不在,没有记忆也就不会有人类文明的进步,每项新发明都是以前人的经验为基础的。因此,提高记忆力,刻不容缓!

千百年来,人类依靠记忆积累经验,凭借记忆征服了自然。没有记忆力,人就如同行尸走肉——过去和现在所接受并储存在大脑中的信息,随着时间的流逝,都会一去不复返,智力和技能也将荡然无存。

只有在头脑中储备足够多的知识,记忆足够多的知识,才能把记下来的知识,通过分析推理,生成智慧。记忆是一切的基础,如果要学好一门课程,就要记住大量的相关资料。很多时候,人与人之间的差距就在于记忆力的差别。

精准记忆——每个人都要掌握的高效记忆法

很多学生在学习过程中，最头疼的就是记不住知识点，记忆力差，以至于在考试中丢掉很多分。古诗词想不起来，英语单词总觉得长得很像，数学、物理公式记不全……很多需要记忆的知识点却总在拉你学习的后腿。

提高记忆力对学习成绩的提升有着直接作用。在中小学阶段不断强化记忆力，更有助于未来的学习。那么，如何才能提高记忆力呢？如何才能实现高效率的学习呢？要掌握快速记忆的方法，并加以持续训练。

为了给中小学生提供帮助，我们特意编写了此书。本书从记忆的基本过程和原理引入，介绍了不同人之间记忆的差异、大脑对记忆的影响；同时，还介绍了20多种记忆方法，原理透彻、方法简单、值得借鉴。

记忆是学习必备的一种技能，掌握了正确的记忆方法，了解了记忆的真谛，也就掌握了知识。千万不要忽视记忆，因为记忆可能比单纯的学习更重要。

目录

上篇 大脑和记忆

一、关于记忆
记忆的基本过程 / 2

遗忘的规律：艾宾浩斯遗忘曲线 / 7

全脑五大智能 / 9

记忆的奥秘 / 12

记忆的四种境界 / 16

什么是记忆术 / 19

记忆的三种基本类型 / 25

二、万物皆有易，记忆之间有差别
好的记忆与年龄有关吗 / 27

差的记忆是基因决定的吗 / 28

男性和女性的记忆有差别 / 29

个人文化对记忆的影响 / 30

记忆力与智力成正比 / 31

三、超级记忆，离不开好大脑
脑的功能 / 35

左脑与右脑的差异 / 37

脑细胞的记忆机理 / 42

给大脑做"操",对记忆大有好处 / 47

音乐治疗让你获得真正的脑力 / 49

大脑的运转也需要营养 / 51

要想记忆好,健脑最重要 / 52

合理饮食,是提高记忆力的基础 / 53

解除脑细胞疲劳,记忆自然就好 / 55

中篇 最强记忆法

一、锁链记忆法
定义和特点 / 60

具体使用方法 / 61

二、串联故事法
定义和特点 / 68

具体使用方法 / 71

三、位置记忆法
定义和特点 / 76

具体使用方法 / 78

四、数字定位法
定义和特点 / 83

具体使用方法 / 84

五、定位记忆法
定义和特点 / 86

具体使用方法 / 89

六、自测记忆法

定义和特点 / 92

具体使用方法 / 93

七、交替记忆法

定义和特点 / 95

具体使用方法 / 96

八、争论记忆法

定义和特点 / 98

具体使用方法 / 99

九、理解记忆法

定义和特点 / 100

具体使用方法 / 101

十、尝试回忆法

定义和特点 / 102

具体使用方法 / 103

十一、形象记忆法

定义和特点 / 105

具体使用方法 / 107

十二、绘图记忆法

定义和特点 / 109

具体使用方法 / 109

十三、谐音记忆法

定义和特点 / 112

具体使用方法 / 113

十四、归类记忆法

定义和特点 / 117

具体使用方法 / 118

十五、规律记忆法

定义和特点 / 120

具体使用方法 / 120

十六、对比记忆法

定义和特点 / 122

具体使用方法 / 123

十七、歌诀记忆法

定义和特点 / 132

具体使用方法 / 134

十八、列表记忆法

定义和特点 / 139

具体使用方法 / 140

十九、感官记忆法

定义和特点 / 143

具体使用方法 / 145

二十、归纳记忆法

定义和特点 / 147

具体使用方法 / 148

二十一、思维导图记忆法

定义和特点 / 151

具体使用方法 / 152

二十二、情景联想法

定义和特点 / 156

具体使用方法 / 158

下篇 记忆经典练习

一、文章记忆 / 164

二、《三十六计》记忆 / 166

三、《百家姓》记忆 / 170

四、中国地图记忆 / 182

五、中国历史朝代记忆歌诀 / 184

六、扑克牌记忆 / 189

七、圆周率记忆 / 190

八、《少年中国说》记忆 / 192

九、《大学》记忆 / 194

十、英语单词记忆 / 196

后 记 / 197

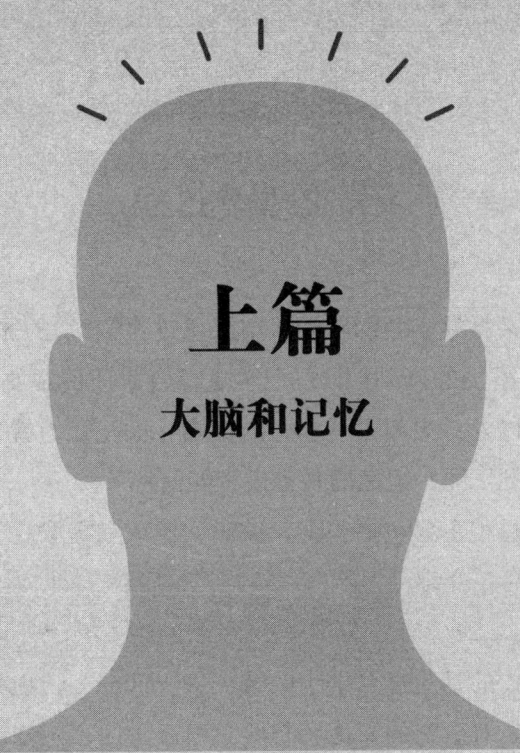

上篇
大脑和记忆

精准记忆——每个人都要掌握的高效记忆法

一、关于记忆

记忆的基本过程

英国唯物主义哲学家弗朗西斯·培根说过:"一切的知识不过是记忆,记忆是学习任何事物的基础!"一个学生综合素质的提高,除了好习惯、好品格等的培养以外,更离不开能力的提高,而记忆力就是其中之一。那么,究竟什么是记忆呢?记忆的基本过程如何?

记忆的基本过程主要包括识记、编码、再认和提取。下面,我们就针对这四个方面做简单介绍。

一、识记

所谓识记,指的是通过对事物的特征进行区分、认识并在头脑中留下一定印象的过程。对事物的识记,有些只要经过一次感知就能达到,而更多的内容则要通过反复感知,让新信息与个体已有的知识结构形成联系。识记是记忆过程的第一环节,对记忆效果的好坏起着重要作用。因此,只有了解识记并掌握识记规律,才能改善记忆效果。

(1)根据识记的目的,可以把识记分为两种:

①无意识记。无意识记是指没有预定目的,在识记过程中不需要意志努力、自然而然发生的识记。比如看过的电影、听过的歌曲、听过的故事、经历过的某些事等。感知这些事情时,通常都没有识记的意图,但这些内容会在未来的某一天重新出现在脑海里,对这些内容的识记就是无意识记。

记忆大师学神班现场

无意识记的内容是构成经验的重要组成部分，对心理活动和行为有着重要影响。无意中经历的事情，在有意识地面临某些情境、处理某些问题时，很可能会作为已有经验发挥一定的作用。在日常生活中，所处的环境、所接触的人，都会潜移默化地受到无意识记的影响，继而引发心理、行为等方面的变化。

无意识记带有极大的选择性。一般来讲，进入无意识记的内容通常都有两个特点：一是作用于人们感觉器官的刺激、具有重大意义或能吸引人们的眼球，比如对新奇的事物，人们会过目不忘；二是符合人们的需要、兴趣和能够产生较深刻的情绪体验，比如加入少先队时的情境、参加中考时的情境等。无意识记对知识经验的获得有着积极作用，要尽量使用这种方法，提高记忆效率。但是，无意识记无法保证获得系统的文化科学知识。因此在学习过程中，大量的识记内容都是通过有意识记来获得。

②有意识记。所谓有意识记，是指有预定目的，在识记过程中要做一定的意志努力的识记。这种识记过程是在识记目的的支配下进行的。而识记的目的性又决定了识记过程是对识记内容的积极主动编码，这种编码主要包括识记什么和怎样识记。其中"识记什么"确定的是识记的方向和内

容;"怎样识记"是采取的具体方法。在听课过程中的识记就是由这两部分组成的。每节课都有一定的学习目的、任务,老师一般会先作交代,使学生产生识记意图,以一种积极的心态识记新知识。为了更好地记住老师所讲内容,就要专心致志地听讲,用心记忆,甚至还要将心记与笔记结合起来。

人们的全部知识经验都是通过有意识记和无意识记的方式获得的。不过,从识记效果来说,有意识记优于无意识记。作为学生,就要了解识记的这一规律,认真面对老师布置的任务,实现良好的记忆和提高听课效果。

(2)根据识记时对材料的理解程度,可以把识记分为两种:

①机械识记。所谓机械识记是指材料本身没有内在联系或不理解其意义,按照材料的顺序,通过机械重复的方式而进行的识记。比如,对无意义音节、地名、人名、历史年代等的识记。这种识记具有被动性,但能够有效防止对记忆材料的歪曲。对于学生来说,这种识记也是必要的,因为很多学习内容确实需要精确记忆,比如山脉的高度、河流的长度等。还有一些内容,限于学生的知识经验,是不可能真正理解其意义的,但对以后的学习非常重要,也应该进行机械识记。比如小学一、二年级背诵的乘法口诀。其实纯粹的机械识记内容非常少,在识记过程中,完全可以把材料加以意义化。

②意义识记。意义识记是在对材料内容理解的基础上,通过材料的内在联系而进行的识记。在这种识记中,理解是关键。理解是对材料的一种加工,根据已有经验,通过分析、比较、综合等方式来反映材料的内涵和材料各部分之间的关系。意义识记需要消耗较多的心理能量,是一种更复杂的心理过程,是识记的主要形式。

二、编码

所谓编码,就是对外界输入大脑的信息进行加工转化。在整个记忆系统中,编码有着不同的层次或水平,而且以不同的形式存在。研究发现,拥有特殊记忆才能的关键要素是:"被试(被测试的对象)必须把编码信息与恰当的线索联系起来。这种联系允许被试以后激活某一特定的提取线索，部分地恢复编码时的条件以便从长时记忆中提取合乎要求的信息。"具体来说，要想获得很高的记忆技能，必须满足三个条件：

（1）意义编码。信息应该在意义层面上进行加工，把信息和存储的知识联系起来。

（2）提取结构。线索要跟信息一起存储，才有利于之后的提取。

（3）加速。要通过不断的练习，使编码和提取中涉及的加工过程越来越快，直至达到自动化的效果。

三、再认

1. 何为再认

所谓再认，是指当过去经验或识记过的事物再次呈现在面前时，依然能确认和辨认出来，是识记和保持过程的结果，也是识记和保持成绩的量度。再认的速度和确定性，取决于对原事物记忆的巩固程度，以及当前事物与过去感知过的事物的相似程度，可以分为完全再认和不完全再认。前者指的是对当前事物全面确定的再认，后者指的是对当前呈现的事物仅有熟悉之感。

再认也是记忆的一种表现，一直被实验心理学家用来测验人类记忆的效果。实验通常是这样做的：先让被试者学习一张词表，学完后让他看另一张词表，其中有的词是学过的，有的则是新词。之后让被实验者指出哪些词是学过的、哪些是新的，测出他再认的成绩。学习的项目可以是单词或语句，也可以是无意义音节或图画等。

2. 影响再认的因素

影响再认的因素主要有：

（1）对原有材料识记和保持的巩固程度。识记越充分，保持越牢固，再认就越快、越准确；反之就会发生再认困难或错误。

（2）时间间隔。识记和再认之间间隔的时间越短，再认的效果就越好。

（3）过去经历过的事物及环境条件的变化程度。如果当前呈现的事物与过去识记的事物相似程度高,或识记时的环境条件变化不大,就容易再认,否则再认效果就会很差。

(4)主体的身心状态。再认者的思维活动积极主动,或对事物存在着期待心理,再认就会变得很容易。同时,具有独立性个性特征的人比具有依存性个性特征的人,再认更迅速、更准确。

(5)外界的干预性因素可能对再认有一定的影响,比如特殊的声音、背景音乐等。处在这种情景下,当识记的知识连同背景环境一起被联想时,会唤起熟悉性再认。

四、提取

很多学生都会说"我的记性很好,但是忘性很大"……这里的"忘性",就是遗忘。

为了研究这个现象,有个叫作艾宾浩斯的人,提出了一个理论,叫作"遗忘曲线",也就是"艾宾浩斯遗忘曲线"。关于他的学说和理论,后面将有所介绍,这里就不再赘述。但遗憾的是,记忆是不会被遗忘的,只会想不起来。这就涉及记忆的两大特点:记忆的提取强度和储存强度。

加州大学洛杉矶分校(UCLA)的一对教授夫妇提出过一个记忆模型理论,根据这套理论,记忆的存储强度并不会随着时间的流逝而减弱,也就是说:那些曾被我们记住的东西,永远不会被遗忘——只是想不起来而已,想不起来的原因是提取强度不够。

在学习的最初阶段,储存强度越强,提取强度就越强。但随着时间的流逝,记忆的提取强度会逐渐减弱。当提取强度弱化到一定程度时,就"想不起来了"。比如背单词,刚背的新单词,提取强度很强,但过了一段时间后,提取强度就会慢慢减弱,就会想不起来。但是当你再次看到这个单词时,就会很快地回想起来,因为这个单词一直存储在你的记忆库里,从来都没有忘记过。

比如电影,对于一些喜欢的片子,我们通常都会看上好几遍。结果,就会遇到这样一种情况:过去看过的一部电影,完全想不起剧情、场景和台词，多年后再次重温时就会发现，演员的话语、表情和动作似乎都很熟悉。其实，那些自认为已经忘记的东西一直都储存在大脑中，只是暂时想不起来而已。

语言在大脑结构中占据的扇区非常有限，不给语言足够的刺激强度，随着时间的流逝，自然会削弱其提取强度，即使再努力地记忆，如果长时间不提取，也会被遗忘。

遗忘的规律：艾宾浩斯遗忘曲线

艾宾浩斯是德国的一位著名心理学家，曾经做过一个非常著名的实验：

选用一些没有意义的音节，毫无规律的字母组合，比如：asww、cfhhj、ijikmb、rfyjbc 等，通过自我测试的方法，得到一些数据。之后，艾宾浩斯根据这些点，描绘出一条曲线，揭示遗忘规律。这条曲线告诉我们：学习中的遗忘是有规律的，遗忘的进程很快，且先快后慢；学到知识，如果在一天后不抓紧复习，只能剩下原来的25%。随着时间的推移，遗忘速度会逐渐减慢，遗忘的数量也会相应减少。

有人曾做过一个实验：将学生分成两组，学习一段课文。甲组学习后不复习，一天后记忆率为36%，一周后只剩下13%；乙组按艾宾浩斯记忆规律复习，一天后的记忆率为98%，一周后为86%。乙组的记忆率明显高于甲组。艾宾浩斯记忆法对于任何学习材料的记忆都是行之有效的，可以极大地提高记忆效率，达到事半功倍的记忆效果。

记忆并不是最后目的，只是一种手段，目的是储备认识问题和解决问题的能力。怎样才能知道信息记住了多少，能力储备得怎样？要想巩固知识，必须及时复习；要想知道记忆效果，就要经常进行自我测验。自测也是一种不错的复习方法，都是对艾宾浩斯记忆法的具体应用。

记忆的保持时间上是不同的,分为短时记忆和长时记忆两种。输入的信息被人学习后,就会成为短时记忆,不经过及时复习,记住过的知识就会被遗忘;而经过及时的复习,短时记忆就会成为一种长时记忆,从而在大脑中被保存很长时间。

艾宾浩斯得出一些关于记忆的结论后,选用了一些没有意义的音节,例如ceg、dax。经过对自己的测试,得到一些数据。然后,又根据这些点描绘出艾宾浩斯遗忘曲线,如下图所示:

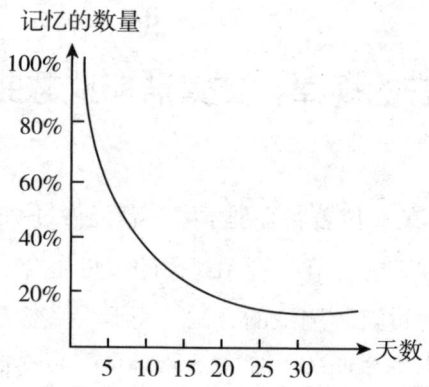

这里的竖轴表示学习中记住的知识数量,横轴表示时间(天数),曲线表示记忆量变化的规律。这条曲线告诉我们:学习中的遗忘是有规律的,遗忘的进程是不均衡的,不是在固定的一天丢掉几个,改天又丢几个,而是记忆的最初阶段遗忘得快,后来逐渐减慢,一段时间后,几乎就不再遗忘了。

遗忘的发展规律,遵循"先快后慢"的原则。通过这条遗忘曲线可以发现,学到的知识一天后如果不抓紧复习,只能剩下原来的25%。随着时间的推移,遗忘的速度会逐渐减慢,遗忘的数量也会相应减少。

艾宾浩斯在关于记忆的实验中还发现,记住12个无意义音节,平均需要重复16.5次;记住36个无意义音节,需要重复54次;而记住6首诗中的480个音节,平均只需重复8次!这个实验告诉我们:只要是理解了的知识，就能迅速、全面而牢固地记忆；死记硬背，只会费力而不讨好。因此，比较容易记忆的是有意义的材料，无意义的材料记起来会比较费力，回忆起来更不轻松。艾宾浩斯的实验充分证实了一个道理：学习要勤于复习，且记忆的理解效果越好，遗忘得越慢。

艾宾浩斯遗忘曲线是他根据在实验室中经过大量测试后得出的不同记忆数据生成的，是一个具有共性的群体规律。此遗忘曲线并不考虑接受实验的个性特点，而是努力寻求一种处于平衡点的记忆规律。但是，记忆规律可以具体到每个人，因为每个人的生理特点、生活经历都不同，可能导致不同的记忆习惯、记忆方式和记忆特点。规律对于自然人改造世界的行为，只能起到催化作用。如果与每个人的记忆特点相吻合，就能"一日千里"；如果与个人记忆特点相悖，记忆效果则会大打折扣。因此要根据每个人的不同特点，寻找到属于自己的艾宾浩斯遗忘曲线。

全脑五大智能

全脑的五大智能包括注意力、观察力、思维力、想象力和记忆力。

一、注意力

注意是智力活动的警卫，外界信息纷至沓来，人们不能一概接受，究竟对何者开门，对何者闭门，这就得依赖注意发挥其警卫作用了。而且注意还是智力活动的组织者和维持者，人们的智力活动只有在注意参与的前提下，才能顺利地发生、发展和形成。

注意对人的一生具有十分重要的意义，可以让人及时准确地反映客观事物及其变化，使人更好地适应周围的环境。良好的注意力能使人们集中精力，提高观察、记忆、想象、思维等效率，甚至可以说，一个个体，只要能集中注意力，那么也就打开了智慧的天窗。因此注意力的培养对于提高记忆效果，是必不可少的因素。

二、观察力

观察是在大脑经过视神经获得外界事物的颜色、容度和形状等信息的基础上进行加工处理的一种心理过程。

观察是一种有计划、有目的、较持久的认识活动。科学研究、生产劳动、艺术创造、教育实践等都需要对面对的对象进行系统、周密、精确、审慎的观察，探寻出事物发展变化的规律。科技发明家、改革家、教育家、艺术家等的成就，在很大程度上都与观察力有关。甚至可以说，人类社会的众多发明创造，都是系统的观察孕育的。

古今中外许多成就卓著的人，都以超人的观察力而闻名于世，并以其独特、精细的观察方法取得成功。在智力结构中，观察力是打开知识宝库的金钥匙。

三、思维力

思维是借助言语、表象、动作等形式形成的对客观世界的概括和间接认识，并在解决问题的过程中加以运用。在智力的组成因素中，思维占有十分重要的地位，甚至还处于核心地位。因为观察、注意、记忆、想象都是与思维紧密联系在一起的。

智力如同一只小鸟，要运用和发展智力，就必须运用思维力。只要掌握一套智力操作的方法（即思维方法），就可以在大量的信息事实基础上，积极加工、合理改造、去粗存精、提出各种新结论、解决各种新问题。同时，思维还是智力的核心，其他因素都为它服务，为它提供加工的信息资料，为它提供活动的动力资源。没有思维这一加工机器的运转，信息原料和动力资源都会成为一堆废物。

四、想象力

想象是对头脑中已有表象进行加工、改造、创造出新形象的过程，由无意想象、有意想象、再造想象、创造想象等构成，在记忆过程中起着极其重要的作用。离开了想象，也不可能有任何发明创造。科学理论的假说、设计的蓝图、作家的人物塑造、工艺技术革新等，都需要丰富的想象力。

想象是创造的前提，想象力越丰富，创造力就越强。想象是智力发展的重要因素，是智力活动的翅膀，更是学习科学文化知识和进行创造性活动必不可少的条件。想象力丰富，思路必然是开阔的，智力发展水平也会有所提高；反之，想象贫乏，思路狭窄，智力也无法发展。爱因斯坦曾说过："想象力比知识更重要，因为知识是有限的，而想象概括着世界的一切，推动着进步，并且是知识进化的源泉。"也就是说，人们完全可以借助想象，打破时空限制，信马由缰，驰骋自如。

青少年都喜欢幻想，对未来充满着美好的憧憬。积极的幻想，可以成为学习的巨大动力，比如：幻想可以把光明的未来展现在眼前，可以产生无尽的力量投身于学习，可以把死的知识变成活的东西，可以打破知识的限制，使学习变得轻松愉快……有想象力的参与，学习的主动性与创造性就会极大地提高，对知识的学习也就不会囫囵吞枣了。

五、记忆力

记忆是人脑对已感知过的、思考过的、体验过的、行动过的事物在大脑皮层的反映，同时让这些事物在今后的生活实践中能回想起来，或当它们再现时能辨认出来。

记忆力是智力活动的仓库。在日常生活中，评价某人是否聪明时，人们经常会以他的记忆水平作为指标。过目成诵、旁征博引、博闻强记的人，称为聪明人；而把学了就忘、遇事一问三不知者，称为糊涂虫。这种看法虽然片面，但也说明了记忆水平高低对人智力的影响。

中小学时代是记忆力发展的黄金时代，记忆力的发展水平不仅影响到学习成绩，还影响着智力发展。青少年的学习大部分都是接受前人积累的知识经验，因此要在有限的时间内，学习大量的内容，并通过学习来展现自己的想象力与思维力。

精准记忆——每个人都要掌握的高效记忆法

记忆的奥秘

倪梓强出生于1997年12月3日，记忆力超强，从小就"过目不忘"，学校师生都说他是"学霸中的战斗机"。倪梓强喜欢给别人讲故事，小学四、五年级时，就借助字典读完了《百科全书》《四大名著》等经典书籍，每天还要背诵一首唐诗宋词。发现了他这样的能力后，爸爸妈妈鼓励他报名参加"全脑记忆法特训"培训班，他的记忆潜能被进一步激发出来，对脑力运动的兴趣被提高到一个空前的高度。借助这一能力，倪梓强参加了多个国际脑力记忆比赛并获奖，连续五年参加世界脑力锦标赛，并摘得金银铜各类奖项，成为"中国记忆神童"。2016年获清华大学、北京大学争抢，最后他选择了北京大学。他在自主招生面试时只用了两分钟就记下了《史记》的三段古文，最终顺利进入北京大学。

倪梓强能取得如此成绩，主要原因有三：第一，倪梓强具有一定的记忆天赋，同时重视后天的强化和努力。第二，倪梓强喜欢强化自己的记忆能力，在参加培训的同时，总结和摸索出一套行之有效的记忆方法。第三，倪梓强毅力和恒心超强，虽然记忆训练异常枯燥乏味，但他坚持不懈，始终如一。总之，都是因为他重视记忆力，才参透了记忆力的奥秘。

那么，记忆力的奥秘究竟如何？这里有一幅图：

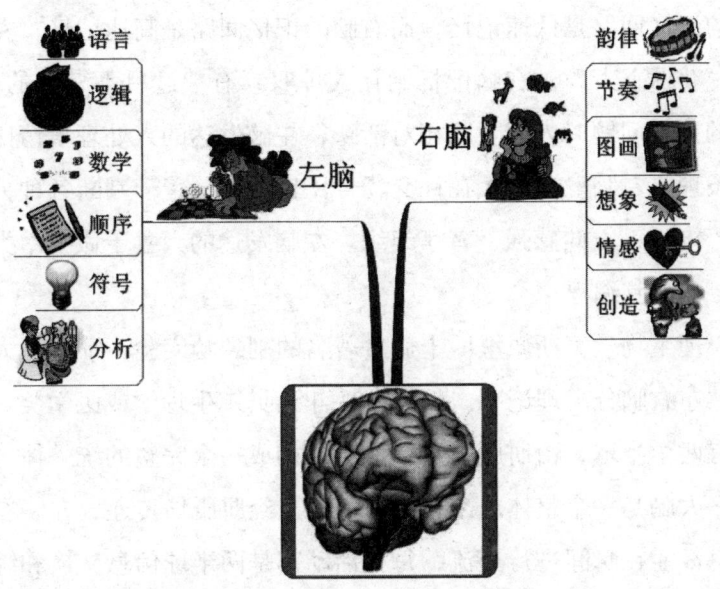

从上面的左右脑分工图可以看出，我们之所以会在字体颜色小测试中出错，是因为在快速辨读颜色的过程中，文字信息与颜色信息是交织在一起的，左右脑出现了短暂性不协调，没法作出正确判断。

大脑就是自己的智囊。科学研究证明，大脑分为左半球和右半球。左半球主要负责人的右边的所有活动，具有语言、概念、数字、分析、逻辑推理等功能；右半球主要管人的左边所有活动，具有音乐、绘画、空间几何、想象、综合等功能。

人的左右半脑是不平衡发展的，统计显示，大多数人是左脑发达。全球有10%的人是左撇子，即右脑比较发达。而左右脑的发育程度不同，隐含了很多特质和天赋秘密：理解数学和语言的脑细胞集中在左半球，而发挥情感、欣赏艺术的脑细胞，却集中在右半球。右半脑发达的人在知觉和想象力等方面可能更强一些，而且空间感和把握全局的能力都可能更强一些，动作相对更敏捷。右脑不拘泥于局部分析，而是统观全局，以大胆猜测跳跃式的前进，得出与直觉相似的结论。

左脑的记忆回路是低速记忆,而右脑的记忆回路是高速记忆;左脑记忆是一种"劣根记忆",右脑记忆则让人惊叹,有"过目不忘"的本事。处理简单的语言问题时人们左脑相对活跃,左脑发达的人处理事情比较有逻辑、有条理。左脑发达的人在社交场合比较活跃,善于判断各种关系和因果,善于统计,方向感强,善于组织。左脑发达的人善于做技术类、抽象的工作,如电脑编程。

美国心理生物学家斯佩里博士通过著名的割裂脑实验,证实了大脑不对称性的"左右脑分工理论",荣获1981年诺贝尔生理学或医学奖。正常人的大脑有两个半球,由胼胝体连接沟通,构成一个完整的统一体。在正常情况下,大脑是一个整体,来自外界的信息经胼胝体传递,左、右两个半球的信息都能在瞬间进行交流,每种活动都是两半球信息交换和综合的结果。

大脑两半球在机能上有分工,左半球感受并控制右边的身体,右半球感受并控制左边的身体。所谓割裂脑实验就是:将大脑左、右两个半球之间的胼胝体割断,外界信息传至大脑半球皮层的某一部分后,不能同时将此信息通过横向胼胝体纤维传到对侧皮层相对应的部分,每个半球独立地进行活动,彼此无法知道对侧半球的活动情况。

从1952年至1961年的10年里,斯佩里先后用猫、猴子、猩猩等做了大量的割裂脑实验,取得了一些成绩,为以后做"裂脑人"的研究奠定了基础。从1961年开始,斯佩里把"裂脑人"作为研究大脑两半球各种机能的研究对象,对"裂脑人"进行了一系列长时间的实验研究。结果发现,左半脑主要负责逻辑理解、记忆、时间、语言、判断、排列、分类、逻辑、分析、书写、推理、抑制、五感等,思维方式具有连续性、延续性和分析性。因此,左脑可以称作"意识脑""学术脑""语言脑"。右半脑主要负责空间形象记忆、直觉、情感、身体协调、视知觉、美术、音乐节奏、想象、灵感、顿悟等，思维方式具有无序性、跳跃性、直觉性。

斯佩里认为，右脑具有图像化机能，比如：企划力、创造力、想象力；与宇宙共振共鸣机能，如第六感、透视力、直觉力、灵感、梦境等；超高速自动演算机能，如心算、数学；超高速大量记忆，如速读、记忆力。右脑就像一个万能博士，能够找出多种解决问题的办法，许多高级思维功能取决于右脑。只要将右脑潜力充分挖掘出来，就能表现出人类无穷的创造才能。因此右脑又被称作"本能脑""潜意识脑""创造脑""音乐脑""艺术脑"。

人的左脑主要从事逻辑思维，右脑主要从事形象思维，是创造力的源泉，是艺术和经验学习的中枢。深入挖掘左右两半球的智能区非常重要，而大脑潜能的开发重在右脑的开发。左脑是人的"本生脑"，记载着人出生以来的知识，主要是对近期和即时的信息进行管理；右脑则是人的"祖先脑"，储存着人类进化过程中的遗传因子的全部信息。右脑是潜能激发区，会突然在人类的精神生活中展现出迹象；右脑是创造力爆发区，不但有神奇的记忆能力，还具备高速信息处理的能力，右脑发达的人会突然爆发出一种幻想、创新、发明等的能力。

人脑记忆的"新大陆"，是近年来脑科学研究的一个重大进展。那么，大脑究竟是怎么回事？脑科学在现代科学中处于什么样的位置？众所周知，人的平均脑量有1400克，由140亿个神经细胞组成。大脑是人体中最复杂的部分，也是宇宙中已知的最复杂的组织结构，是人体的神经中枢。人体的一切生理活动，如脏器的活动、肢体的运动、感觉的产生、肌体的协调以及说话、识字、思维等，都要受到大脑支配和指挥。大脑的复杂性，还在于神经细胞在形状和功能上的多样性，以及在神经细胞结构和分子组成上的千差万别。

为了探索人脑奥秘，攻克各种疾病，开发人工智能技术，欧美等国家纷纷制订了脑科学研究的长远计划，并宣布21世纪是"脑科学时代"。比如，美国政府命名20世纪90年代为"脑的10年"，支持发展神经科学，促进脑研究；1986年日本推出了"脑科学时代"的为期20年的脑科学计划纲要；在我国，脑功能研究列入了重大基础科学研究计划——攀登计划。

人类有着惊人的记忆力，全是大脑的功劳。在认识和改造自然的同时，人类也在不断地认识和改造自己，从而进一步地去探索大自然的奥秘。

记忆的四种境界

什么样的记忆力算是好的呢？一般认为，能够充分满足学习、工作和生活需求的记忆力是优秀的。

记忆力还存在几种境界，按照记忆效率来划分，可以从低到高划分为四种：

第一种境界：声音记忆

多数人的记忆方式是死记硬背，无论是记忆手机号、人名，还是英语单词、文章，大多数时间都是在对自己的声音进行不断的强化记忆。比如，现在可以试着回忆一个单词、一句歌词，就能很清楚地感觉到，自己其实是在回忆声音的排列顺序。

声音是一些毫无意义的音节，大部分资料都是通过诵读或默读的方式来记忆的，即使通过默写的方式来记忆，也是在帮我们默读。这样的背诵，只是在重复记忆自己的声音，而没有同时进行生动、丰富的想象，是纯粹的死记硬背，这样的记忆效率是非常低的。

第二种境界：逻辑记忆

逻辑记忆只有面对一些非常有规律的记忆材料时才会有用。如果需要记忆这类材料，无论内容多少，都需要记忆其中蕴含的规律。因此，当面对有规律而且非常大量的记忆材料时，逻辑记忆方法就显示出了强大的威力，根本不需要管这些资料到底有多少，只要记住简单的规律即可。

在回忆或应用的时候，只要运用简单的规律，就能将所有的资料都准确无误地复述出来。例如：记忆下面这组数字：2、4、6、8、10、12、14；4、5、6、7、8、9、10……只要稍微看一下，找出排列规律，就不需要一个一个数字地去记，只要记住这些规律就行了。尤其是数字非常多但规律很简单时，逻辑记忆就能充分显示出它的优势。当然，逻辑记忆仅限于记忆那些有规律的资料，而在大部分情况下，记忆材料都是没有规律的，这时逻辑记忆就无法发挥作用了。

第三种境界：图像记忆

目前，社会上流传着各种快速记忆方法，基本上都是图像记忆变种或结合图像进行记忆。图像记忆的基本原理就是将需要记忆的材料通过各种方式转化为生动具体的图像，然后运用联想法、定位法等来记忆它们。

图像记忆的方法有联想法、编码法和定位法。使用这三种有效的方法，即使是再抽象、再复杂的记忆材料，都能被快速转化为生动具体的图像，从而被快速且牢牢地记住。记忆效率高、复习次数少、保持时间长，记忆效率远远高于传统的记忆方式，且不受艾宾浩斯记忆曲线的限制。

记忆大师学神班课程现场

第四种境界：图像记忆 + 逻辑记忆

任何复杂的记忆都不是独立存在的，都需要运用图像记忆和逻辑记忆，要不就是声音记忆加逻辑记忆，只不过是要看哪个占的比重更大些罢了。只有运用更多的图像记忆，良好的脑呈像能力，再加上一点逻辑记忆，才能取得最好的记忆效果。

快速记忆法，遵循"人类左右脑机能分担论"，把人的左脑的逻辑思维与右脑的形象思维结合起来，把人的注意力、想象力、记忆力、创造力和自信心等都转化成了强大的学习动力，用各种方法把枯燥乏味的记忆材料转化为生动易记的物像，并通过有趣的奇特联想串联起来，这样就能强化记忆效果。用有趣的记忆过程，实现最快速、最有效、最实惠的准确记忆，足不出户，就能拥有超级记忆力。

什么是记忆术

记忆术是从古罗马时代就有的一种助记方法,可以分为串联和定桩两类。

一、基本记忆术

记忆术是记忆的窍门和方法的简称。具体方法是:给识记材料安排一定的联系来帮助记忆,提高记忆效果。例如 ROYGBIV 这个词,代表着彩虹的颜色,即红、橙、黄、绿、蓝、靛、紫。

分组是另一种用来记忆数字的方法,基于一个人一次可以记住 5~9 个东西的原则。例如,数字 63492005,可以试着记住由单独的 8 个数字组成的一串数字,也可以将它分为四"组"来记:63-49-20-05。在这个例子中,当将后面的四个数 2005 分为一组时,就很容易记忆。这并不是严格意义上的记忆术,但重复一个序列,确实能将它记住。

二、高级记忆术

(1)链接法。要想记住一长串事物,可以使用这种简单而快速的方法。比如,按顺序学会以下单词:

蜡烛 天鹅 丝带 足球

我们想象一下蜡烛,看见蜡烛的火焰,感觉到它散发的热量,闻到烟味。蜡烛的烟向上飘荡,并在一只天鹅的脖子周围旋绕。这时,就能感觉到天鹅的羽毛,看到它的翅膀和嘴的颜色。但天鹅的嘴里是什么?是一条长长的紫色丝带。以此类推。

(2)对应法。对应法主要是将图像与短语结合起来进行记忆,常用的短语是："一是圆面包，二是鞋，三是树……"超市购物时，如果想记住自己要购买的商品，就可以在脑海里形成一系列图像，将各种商品与这些短语相对应。例如，如果想买火腿肠、可乐和苹果，就可以在脑海想象一个夹着火腿肠的圆面包（"一是圆面包"）、一双盛满可乐的鞋（"二是鞋"）、一个挂在树上的苹果（"三是树"）。

（3）位置法。公元前500年，古希腊学者西蒙尼蒂斯首先提出这种记忆方法，如今很多一流的记忆大师都在使用。想象一条熟悉的路线，例如从家到超市，沿着这条路线选几个点，如家门口、十字路口、学校大门口等。想象自己正沿着这条路线行走，并把想记住的东西分别放在选择中的位置上。例如可以将一管牙膏平稳地放在门上，将一箱牛奶放在十字路口，将一盒饼干放在学校大门口。如果想记起这些东西，就可以想象：自己正沿着这条路线行走，每次到达选中的位置时，脑海中就会出现这些东西。

（4）定桩法。所谓定桩法就是用位置法引申出来的高级记忆法，用它可以记住一本《牛津字典》。主要原理是在脑中整理已经记住的信息，然后变为图像作为桩子用；将要记忆的新信息转化为图像，跟已经记住的图像运用夸张的联想和想象等方式进行连接。回忆的时候，先回忆已经记住的信息，然后回忆联想后的新信息图片，最后回忆出新信息。

三、操作程序

1. 以原理为出发点

以原理为出发点，而不是以技术为出发点。要把握记忆术的核心原理，"用已知学未知"或"以熟带新"，只有不局限于传统的记忆技术，才能开发出新的记忆方法。所有已知的东西都可以用来帮助记忆，一切已知的发音都可以用来帮助学习任何一种新的语言发音。总之，先分析自己想要学习的东西，比较自己过去知道什么东西和它在性质上类似，这样有助于提高记忆和学习的效率！

2.用左脑先做减法，再用右脑做加法

活用记忆术要先用左脑做减法，再用右脑做加法，然后用资料本身的形象来编码。

（1）用左脑来做现象变规律的减法。举个例子，记忆数列1、5、6、7、13…可以用什么方法呢？如果选择使用编码，那就大错特错了。

人们在使用记忆术时，经常会犯一个致命的错误：在记忆之前假设要记忆的内容的量是固定的，不会发生变化。这是一个思维定式。人为什么崇拜理性？为什么推崇左脑？左脑是逻辑脑，是推理脑，是简化脑。人类的左脑可以将整个宇宙简化成一个方程，可以用公式来表示无限复杂的世界变化。人类对科学的追求就是简化现象，简化复杂。

人们为什么会产生这样的错误？因为很多人都过分依赖右脑，如同人们过去过分依赖左脑一样。而右脑简化资料的能力是有限的，原因就在于右脑是形象脑，工具是形象，而形象是一种表象，对于规律的东西有时无能为力。纯粹的图像记忆主要是外部记忆，不能帮助自己理解。

第一个公式：简化＝找规律。归纳让大量不同的信息变成相同的信息，减少了要记忆的信息总量。演绎使信息的关系能通过机械推理进行回忆或使用，从而将记忆的任务取消，变成推理的任务。

第二个公式：用图像记忆的东西等于没有发现规律的东西，等于没有被理解或者至少没有被完全理解的东西。

第三个公式：允许只使用右脑，图像记忆的东西不存在。如果主要使用右脑图像记忆东西，范围就会仅限制于两个领域：a.无意义的资料，实际上这些东西也有规律。b.暂时不可能找到规律的资料或其他情况导致不能找规律的资料。

第四个公式：这个公式是公式三的反面，所有有意义的材料都以发现规律为主，绝不是先用图像记忆法。

第五个公式：记忆术不是图像记忆，也不是右脑记忆，而是全脑记忆。

（2）用右脑来做空话变实话的减法。语言的一个弊端是，可能导致空洞无物。著名哲学家大卫·休谟指出，很多历史上争论不清的哲学命题就是语言空洞无意义导致的。于是，他提出一个极端重要的原则："向任何一个观点提问：请问，你说的这句话对应的是哪个表象（就是形象）？"如果他回答不出来，就说明他在说没有意义的问题。因此，要先寻找语言对应的表象，删除空洞无物的语言。语言的另一个弊端是割裂。一个事物是一个整体，用语言只能表达一个侧面。因此才会有"一幅图顶一千句话"的说法。

（3）左右脑结合使用记忆术。记忆有意义的文字时，使用跟文字无关的故事或其他定位系统，可以帮助记忆。这种记忆术的重大弊端是：

首先，记忆的材料本来就有对应的表象，但偏偏要使用跟文字不相关的表象，使记忆法成为外在的、无法理解的方法。

其次，忽略了人有"理解和思考"的基本需求这一重大事实。对没有意义的东西人们会失去兴趣，失去兴趣就会失去注意力；没有注意力记忆效率就会低，而且会失去使用记忆术的兴趣，最终回到死记硬背的老路。如何将左右脑结合起来？做了减法后，用文字本身就有的意义找到文字本身的形象，将这个形象用记忆术加以记忆！举个例子，心理学中"需要"的定义是：有机体感到缺乏而力求得到满足的一种倾向。找到四个关键词："有机体""缺乏""力求满足""倾向"，然后用力挖，力求满足。这样记忆，才是真正的记忆术使用之道。

四、练习

1. 使用联想记住下面词语并产生画面

喷泉——木料　森林——助学

金裤子——手表　钢铁侠——麻辣烫　乌龟——法老

彩虹——组长　窝头——土豪

奶豆——木桥　棒球——紫薯　咖啡——石头

2. 使用联想记住下面词语并产生画面

草莓——胶水　光剑——铁锅　麦克——酸菜

孙悟空——跆拳道　月饼——椰子

西服——木头　电网——马里奥

屁股——辣根　大豆——孔雀舞　皮鞋——猫屎

3. 使用联想记住下面词语并产生画面

灯笼花——花草　枕套——焗油膏　甲虫——笛子

美国——和尚　驾驶员——菜油

激光——鼹鼠　橡树——面膜　土壤——球

降雪——客车　猴子——吸尘器

木料——含羞草　薯条——木洞

4. 使用联想记住下面词语并产生画面

尾巴——竖琴　白果——黄瓜　羽绒被——芥菜

热水袋——扫雷艇　赛车场——多米诺

警车——牛奶糖　鲍鱼——大门　鱼翅——乳液

收银处——天然气　有轨电车——玻璃刀
圣代——猪脚　暖瓶——电流　烘干机——雪利酒
首饰盒——香水喷子

五、应用

1. 记住下面文学作品和作者

《老实人》——伏尔泰　《失乐园》——弥尔顿　《玩偶家庭》——易卜生　《伪君子》——莫里哀

《神曲》——但丁　《红与黑》——司汤达　《阴谋与爱情》——席勒　《双城记》——狄更斯

2. 记住下面地区及特产

天然橡胶——菲律宾　锡矿——马来西亚　椰枣——伊拉克　金鸡纳霜——印度尼西亚

金刚石——刚果　黄麻——印度　可可——科特迪瓦　石油——沙特阿拉伯

棕油——马来西亚　稻米——泰国　羊毛——土耳其　铜——智利

记忆的三种基本类型

通常所谓的"记忆"就是神经细胞（即神经元）之间的连接形态。记忆是由大脑的三个功能组合而成。

一、感官记忆

任何人都有过这样的生活经验：翻开电话簿中记住某个电话号码，至少到按完所有数字后才会忘掉它。如果按完号码，对方电话正好占线，或铃声响了太久以为打错而想重拨一次，如果不懂得记忆诀窍就需要再查一次电话簿上的电话号码。如果是别人请你代拨电话，你的"忘性"会更大。

为什么会快速遗忘掉这么简单的信息？不要怀疑自己是不是小时候睡觉从床上摔下来把脑袋摔坏了，更不要觉得自己费脑太多，记性不听使唤了。一般人都会把电话号码这样的信息储存在感官记忆中，而感官记忆在人脑中的维持时间只有3~5分钟，过了这个时间，就会忘记这个电话号码。

另外，感官记忆的容量在5~9个，也就是说最多可以记住9个数字或词汇。如果将20个东西（如字母或数字）分成有意义的7个组块，就能记住它们；如果没有将它们分组，是很难一下子记住这20个东西的。

举个例子，运用感官记忆将以下20个字母记住是非常困难的：t、s、x、r、q、n、m、a、f、s、y、w、e、i、u、e、o、e、u、n。如果将它们分为几组：foxes、yams、quiet、new、run，记起来就容易了。

当然，并不是所有号码都值得记忆，借助记事本、PDA、电话或手机等工具，都有助于大脑记住更重要的事。

二、短期记忆

闭上眼睛,想象一下:在挑灯夜战的日子里,通宵达旦,绞尽脑汁,不断重复重点,但在考试结束铃声响起的那一刹那,临时抱佛脚的内容会一点一滴地流失,最后全部还给书本。这就是短期记忆的特色,大脑也会把考试资料储存在所谓的短期记忆中。

可是这种记忆不太可靠。因为短期记忆的时间即使在人脑的巅峰期,也只能维持12~36个小时,且还会持续衰减。过了这段时间,定然会忘掉抱佛脚的内容。但短期记忆也绝不像刀切豆腐一样,所有资料也不会立刻消失无踪,只是会随着时间的递增而逐渐消失。

三、长期记忆

长期记忆通常用于一些需要经常使用的资料。常用的电话号码、好朋友的姓名生日,一旦需要,这些资料就能自然地、随时随地从脑海中浮现,即使再累、再想睡,也可以立刻想到这些资料。因为它们储存在你的长期记忆中,需要使用的时候,定然可以立刻拿出来派上用场。

基本上,长期记忆是很难消失的,可以得到长时间的保留。只不过很多长期记忆的内容,没有归档,不容易找到。只要通过掌握一些回忆技巧,就能发现记下的东西比知道的要多。

只要不断操演某组神经元,它们的记录就会变成脑中的长期记忆。但是究竟要储存或抛掉哪些信息,却无法出自有意识的判断,而要经由人脑中的海马体来处理。海马体如同电脑键盘,在记忆的过程中,充当转换站的功能。当大脑皮质中的神经元接收到各种感官或知觉信息时,它们就会把信息传递给海马体。如果海马体有所反应,神经元就会形成持久网络;如果没有通过这种认可模式,脑部接收到的经验就会自动消逝,自然也就没有记忆了。

二、万物皆有易，记忆之间有差别

好的记忆与年龄有关吗

一直以来，很多人都认为记忆力是随着年龄的增长而逐渐减弱的。因此，上了年纪的人总会感叹自己的记忆力大不如前，而年轻人却很少会在遗忘时这样感叹。比如两个同样做事有丢三落四习惯的人，一个是年轻人，另一个是60岁的老人，前者会认为丢三落四是自己的习惯，而后者则会将自己丢三落四的习惯归因于上了年纪。

美国一名学者曾在加州医学院图书馆的参考书研究室工作，多年之前，她可以凭借自己的超凡记忆力随意指出参考书中某一章节里的具体细节，甚至可以将研究室里所有的书都倒背如流。而在84岁的时候，她认为自己老了，记忆力在逐渐下降，时常忘记和他人约定的见面时间，或要去哪里与人会面等。

科学家马里昂·佩尔姆特潜心研究老年人记忆，发现六旬以上的老人回忆和认知能力比20年前要差很多，但记忆和认知事实的效果又会比年轻人更好。这一研究结论再次证实了记忆力与年龄之间的重要联系。调查显示，约三分之一的老年人对在生活中接触到的人名和事物记忆的情况与20岁的年轻人同样好。

记忆力会随着年龄的增长而变化。因为大脑在不同的年龄段有不同的发育状态，而最先随着年龄开始退化的部分是大脑中最后才发育完全的前叶。研究发现，人类记忆力在16~23岁会处于记忆力高峰阶段，记忆错误率最低。意识到记忆力随着年龄的增长而出现下降很正常，此时永久记忆力会极大地提高，但短期记忆却会呈现出大不如前的情况。再加上视力、听力衰退等身体因素，也会对人们的记忆力造成影响。

20世纪70年代的一项研究发现，年近七旬的老人坚持学习和研究，记忆力要比四十几岁、不善于思考和智力训练的人更好，比如常年的学校教育或近期学习等。同时，坚持阅读与研究的成年人智力活跃，比智力不旺盛的年轻人更容易记住阅读过和记忆过的东西。

哥伦比亚大学的斯莫尔博士曾采用磁共振系统进行年龄与记忆力的深入研究，结果发现阿尔茨海默病是神经连接出现障碍导致的后果，并不是真正的神经细胞死亡所致。脑萎缩患者的大脑细胞数量保持相对不变，神经末梢障碍是由神经递质短缺引起的，通过注射多巴胺代用品可以缓解这种情况，使得记忆力可以得到明显增强。但利用药物治疗来改变记忆力减退情况还无法从根本上解决问题，必须积极运用记忆策略或记忆术，经常用脑，保持思维活跃。

差的记忆是基因决定的吗

科学家发现，人体的特殊基因变体在决定一个人的记忆力上扮演着关键作用。一般来说，当具有这种基因变体的人在回忆昨天发生的事情时，表现会比较差。主要原因就在于大脑内的海马区域出现异常，以及脑细胞没有跟储存记忆的邻近细胞产生必要的联结。

这个问题似乎跟一种维持脑细胞健康的化学物质——脑源性神经营养因子（BDNF）有关，这种特殊基因就控制着这种化学物质的产生。但是科学家还发现，这种基因的变体不但会产生比较少的BDNF，产生的BDNF还无法正常在脑细胞之间移动。

资料显示，人体共有两个这类 BDNF 基因，从父亲和母亲那儿各遗传一个，遗传来的基因有两种变体，约三分之一的人会遗传到至少一种变体。虽然这种变体和标准的差别非常小，但是还是会降低 BDNF 的生产，甚至会破坏记忆力。

科学家相信，这种基因变体在引发阿尔茨海默病和其他神经系统疾病上扮演重要角色。但是他们也表示，这种基因变体也可能存在其他正面的效益，只不过还没有被发掘出来而已。

男性和女性的记忆有差别

女性比男性拥有更好的记忆力。

一篇发表在 *Menopause* 杂志上的研究称，年龄在 45~55 岁的女性，即使经历了更年期记忆力下降，在所有记忆力测试中依然会表现得更好。约 75% 的人在年老时会出现记忆问题，原因就包括老年痴呆（阿尔茨海默病），因为女性比男人更容易受到阿尔茨海默病的影响。

一个大脑健康老化的女性，在中老年依然会在记忆功能上比同条件的男性略胜一筹。一些研究表明，从童年开始，女性在记忆性任务中的表现就优于男性，这个结论在言语记忆上尤其明显。男女的差异在青春期后越发显著，并会一直持续到成年。研究还表明，记忆力在言语和联想方面比非言语方面的功能更容易随着年龄受损。在 50 岁之前就出现了言语记忆问题的人，在 65 岁之后更可能面临认知能力损伤的问题。

激素又是怎样影响记忆力的呢？神经活性类固醇激素（包括雌二醇）会影响女性的学习和记忆能力；雌二醇还会影响大脑与记忆有关区域的结构和功能，随着雌二醇水平在经期内的波动，女性的言语记忆能力也会跟着改变。

为了了解更多，一个研究团队对与雌二醇水平有关的记忆功能做了考察。他们假设性别差异、激素和生殖状态会与记忆能力相关，同时想了解对于更年期的女性而言，哪个记忆区域会更容易受损，以及中年早期的记忆功能水平能否预测到将来可能出现的阿尔茨海默病。

研究团队比较了男性和女性的表现差异，以及女性在更年期前、更年期中和更年期后的表现差异。结果表明，女性参试者的表现优于男性参试者，而更年期前和更年期中的女性得分比更年期后的女性更高，人们的测试表现被联系到雌二醇水平上来，与绝对年龄无关。

随着更年期雌二醇水平的下降，女性的学习和信息的获得会变得越来越难，但她们依然可以有效地保持和巩固原有的记忆。雌二醇水平在更年期的降低也与海马区的活力直接相关，直接影响着大脑的记忆功能。

个人文化对记忆的影响

看见一个人时，大脑中的镜像神经元网络就会做出相应的反应，而这种反应取决于彼此是否有相同的文化。竖起拇指表示"我很棒"，用食指指着他人是指责对方"你真丢脸"。在社会中，这样的手势传达着我们没有说出口的话，几乎每个人都知道它的意思。不过从国外或其他文化体系来的人，或许会觉得很难理解。反之亦然。将一个美国人放逐到一个陌生的地方，他可能会对当地文化中普遍使用的手势感到茫然无措。这就提出了一个发人深省的问题：文化会影响大脑吗？答案是肯定的。加州大学洛杉矶分校的生物学专家研究了神经科学和人类行为之间的关系，得出了这样的结论，之后这项研究被发表在 *PLOS ONE* 上。

当做一个动作时，镜像神经元就会被激活；同样当我们看到别人做同样一个动作时，镜像神经元也会被激活。神经科学家相信，这种"镜像"是感知其他人想法，跟他们感同身受的机制。在试验中，两名演员——一名是美国人，另一名是尼加拉瓜人，他们要做一系列的手势：一组美国的，一组尼加拉瓜的，以及一组无意义的。科学家用经颅磁刺激技术(TMS)来测量志愿者皮质兴奋性的水平，这样就能探测出镜像神经元的活跃程度。

研究人员发现，当美国演员模仿尼加拉瓜演员的手势时，志愿者镜像神经元的活跃程度都相当高，而当尼加拉瓜演员做出美国演员的手势，观测到的志愿者镜像神经元活跃度却下降了。这些都是新的证据，证明神经反应是为了响应特定的文化刺激。证据显示，种族和文化都影响着大脑的活跃程度，尤其是镜像神经元还涉及社会交往和沟通。

记忆力与智力成正比

记忆力的好坏与智商高低的关系体现为：记忆力会影响到智商的高低，但不决定到底是高智商还是低智商。

记忆力是一个比较清楚的概念，好到过目不忘；差到转头就忘。而智商是一个仁者见仁、智者见智的概念，至少到目前为止是如此。从知识量来讲，知识的广度和深度都可以出高智商的人；从解决问题的能力来讲，能力强的人智商都很高。因此，智力与记忆力没有紧密联系，有记忆力超群的低智商人群，也有智商颇高但记忆力较差的人。

好的记忆力可以加速你成为高智商人群的一员，所以不用担心自己记忆力不好，因为心理暗示会严重影响你对一件事物的记忆效果。只要告诉自己：这件事我必须记住，我一定能记住……慢慢地，就会对自己的记忆力多一些肯定。

如果只想突破自己的记忆力,就要尽可能地去挖掘自己的大脑潜能,但最终智商是否会变高,结果就未知了。一句话,智力和记忆力的关系不大,记忆力会影响智力的发展和高低,但记忆力不会决定最终的智力。

记忆,是过去的经验在人脑中的反映,包括识记、保持、再现和回忆四个基本过程。其形式有形象记忆、概念记忆、逻辑记忆、情绪记忆、运动记忆等。记忆的大敌是遗忘。提高记忆力,实质就是尽量避免和克服遗忘。在学习活动中只要进行有意识的锻炼,掌握记忆规律和方法,就能改善和提高记忆力。

(1)注意集中。记忆时只要聚精会神、专心致志,排除杂念和外界干扰,大脑皮层就会留下深刻的记忆痕迹并且不容易遗忘。如果精神涣散,一心二用,就会大大降低记忆效率。

(2)兴趣浓厚。如果对学习材料、知识对象一点兴趣都没有,即使花再多时间,也无法记住。

(3)理解记忆。理解是记忆的基础,只有将文字内容理解了,才能记得牢、记得久。死记硬背,不容易记住;即使记住了,也很容易忘记。对于重要的学习内容,将理解和背诵结合起来,效果多半会更好。

(4)过度学习。对学习材料,在记忆的基础上,要多记几遍,争取达到熟记、牢记的程度。

(5)及时复习。遗忘的速度是先快后慢的,为了强化记忆痕迹、防止遗忘,对刚学过的知识,要趁热打铁,及时温习巩固。

(6)经常回忆。学习时,要不断尝试回忆,不断纠正记忆错误,弥补遗漏,将内容难点记牢。闲暇时,不时地回忆过去识记的内容,也能减少遗忘。

(7)视听结合。同时利用语言功能和视、听觉器官等功能,不断强化记忆,提高记忆效率,往往比单一默读效果要好得多。

(8)多种手段。要根据具体情况,灵活运用分类记忆、图表记忆、缩短记忆、编提纲、做笔记、卡片等记忆方法,增强记忆效果。

（9）最佳时间。一般来说,上午9~11时,下午3~4时,晚上9~10时,都是最佳记忆时间。在这些时间段,记忆难记的学习材料,效果一般都比较好。

（10）科学用脑。在保证营养、积极休息、体育锻炼等基础上,科学用脑,减少过度疲劳,保持积极乐观的态度,大大提高大脑的工作效率,是提高记忆力的关键。

日常生活中,提高记忆力的办法有很多,重要的是要做个提高记忆能力的有心人,可以从以下15个要点着手,并结合自身的实际情况来不断改进和完善。

（1）平心静气。在日常生活与学习中,要保持一种平心静气的心态,让大脑安静下来。

（2）得到休息。要调整大脑的工作和休息时间,让大脑得到充分休息,提高大脑的工作效率。

（3）提高信心。要对自己的记忆有信心,并提醒自己将该记的东西都记住,坚信自己"一定能记住！"

（4）掌握方法。找到适合提高记忆力的方法,多进行训练,提高记忆效率。

（5）保持兴趣。对世界充满强烈的兴趣,加深记忆效果。

（6）足够刺激。用强烈的愿望和刺激来促进记忆。

（7）建立联系。在学习与生活中建立与愉快事情联系的记忆。

（8）保持年轻。保持心态的年轻,促使脑细胞变得敏锐和年轻。

（9）学会观察。掌握一种或多种观察能力,提高观察的敏锐度,提高观察效果。

（10）开发右脑。积极开发自己的右脑,将记忆对象形象化。

（11）掌握歌诀。将需要记忆的内容变成歌诀或口诀,把互不关联的记忆对象编成歌诀,提高记忆效果。

（12）找到特征。掌握特征记忆技巧，找到记忆对象的特点，辨别出其特征。

（13）分散记忆。学会整理和分类，适当地分散记忆（化整为零），有时比集中记忆效果更好。

（14）调动感官。将身体的五官功能充分调动起来，协同记忆。

三、超级记忆，离不开好大脑

脑的功能

伟大的科学家爱因斯坦曾说："人类最伟大的发现之一，就是对大脑无限潜能的认识。人类在未来面临的最重要问题，就是对大脑潜能的充分开发。"

人的大脑分为左右两半球，体积占据中枢神经系统总体积的一半以上，重量约为脑的总重量的60%。

从进化的观点看，大脑比脑干出现得晚，是各种心理活动的中枢。在大脑表层，分布着深浅不同的沟或裂，沟（裂）间隆起的部分称为脑回。有三条大的沟裂，即中央沟、外侧裂和顶枕裂。这些沟、裂将大脑分为额叶、顶叶、枕叶和颞叶等几个区域。

在每一叶内，较细小的沟裂又将大脑表面分成许多回，比如：额叶的额上回、额中回、额下回、中央前回；颞叶的颞上回、颞中回和颞下回；顶叶的中央后回等。

一、大脑皮层功能区

大脑皮层可以分为不同的区域，分别肩负着不同的功能。根据前人的研究成果，可以把大脑皮层分为几个功能区域，而与皮纹有关的则有精神功能区、视觉区、听觉区、机体感觉区和言语区等。

（1）视觉区。位于顶枕裂后面的枕叶内，属布鲁德曼的第17区，接受在光刺激的作用下由眼睛输入的神经冲动，是初级形式的视觉，如对光的察觉等。如果大脑两半球的视觉区受到破坏，即使眼睛功能正常，也会完全丧失视觉而成为全盲。

（2）听觉区。位于颞叶的颞横回处，属布鲁德曼的第41、42区，主要负责接受在声音的作用下由耳朵传入的神经冲动，产生初级形式的听觉，比如对声音的察觉等。破坏了大脑两半球的听觉区，即使双耳功能正常，也会完全丧失听觉而成为全聋。

（3）机体感觉区。位于中央沟后的一条狭长区域内，属布鲁德曼的第一、二、三区。主要接受由皮肤、肌肉和内脏器官传入的感觉信号，产生触压觉、温度觉、痛觉、运动觉和内脏感觉等。

（4）言语区。对多数人来说，绝大部分人的言语区定位在大脑左半球，由22、37、39、44、45等区组成。损坏了这些区域，会引发多种形式的失语症。在左半球额叶的后下方，靠近外侧裂处，有一个言语运动区，即布鲁德曼第44、45区，称为布洛卡区，主要通过邻近的运动区控制说话时的舌头和腭的运动。布洛卡区一旦受到损伤，就会引发运动性失语症。说话不流利，话语中会遗漏功能词，形成"电极式"语言。在顶枕叶交界处，还有个言语视觉中枢，一旦损坏该区域，就会出现书面语言的理解障碍，病人看不懂文字材料，导致视觉失语症或失读症。

二、大脑各部位的功能

（1）额叶，主要负责处理思考。

（2）颞叶，是大脑中的语言中心。

（3）运动皮质，主要对活动进行控制。

（4）颅顶叶，主要负责处理个人的特殊才能。

（5）后顶叶，是一个人的视觉中心。

（6）小脑，主要负责调整姿势和平衡。

（7）守门员，是"蜂窝状组织"的简称，类似于人类的控制中心，主要负责将接收的信息转送到正确的目的地。

左脑与右脑的差异

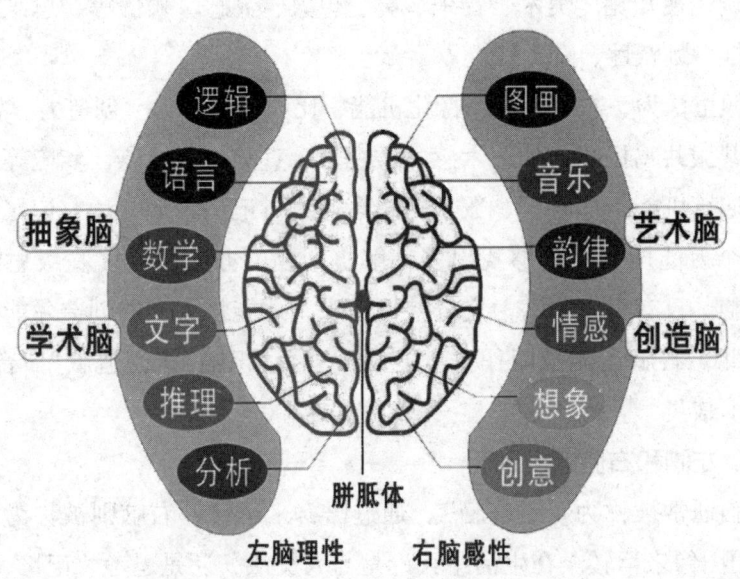

美国心理生物学家罗杰·斯佩里揭开了大脑两半球的秘密和功能分工,为人们了解人脑更高级的功能提供了新观念,也因此在1981年荣获诺贝尔生理学或医学奖。

为了发现左右脑的差异,斯佩里进行了所谓的割裂脑实验:将大脑左、右两半球之间的胼胝体割断,外界信息传到大脑半球皮层的某一部分后,不能同时将此信息通过横向胼胝体纤维传到对侧皮层对应的部分,各半球独立地进行活动,彼此无法知道对侧半球的活动情况。

从 1952 年至 1961 年的 10 年里,斯佩里相继用猫、猴子、猩猩做了大量的割裂脑实验,取得了一些成绩,为以后研究"裂脑人"奠定了基础。从 1961 年开始,斯佩里把"裂脑人"作为研究对象,对"裂脑人"进行了一系列的实验研究。结果发现,左半脑主要负责逻辑、理解、记忆、时间、语言、判断、排列、分类、逻辑、分析、书写、推理、抑制、五感等,思维方式具有连续性、延续性和分析性。左脑可以称作"意识脑""学术脑""语言脑"。右半脑主要负责空间形象记忆、直觉、情感、身体协调、视知觉、美术、音乐节奏、想象、灵感、顿悟等,思维方式具有无序性、跳跃性、直觉性。

斯佩里认为,右脑具有图像化机能,比如:企划力、创造力、想象力;与宇宙共振共鸣机能,如第六感、透视力、直觉力、灵感、梦境等;超高速自动演算机能,如心算、数学;超高速大量记忆,如速读、记忆力。右脑像一个万能博士,能够找出多种解决问题的办法,许多高级思维都取决于右脑。只有将右脑潜力充分挖掘出来,才能将人类的创造才能表现出来。因此,右脑还能被叫作"本能脑""潜意识脑""创造脑""音乐脑"和"艺术脑"。

一、左脑和右脑的区别

左脑通常被称为"语言脑",通过语言来运转;右脑则被称为"图像脑",用图像来运转。在生活中无论是与人交谈,还是思考、记忆、阅读,都会使用语言,左脑得到了充分开发。而右脑思考时使用的是图像,把想法告诉他人时使用的也是图像,记忆时使用的依然是图像。普通人一般都会使用负责语言功能的左脑,因此右脑能力没有得到充分开发。

右脑是"图像脑",天才使用右脑的时候往往都能看到清晰的图像。比如爱因斯坦曾说:"我不仅能用科学方法,还能使用视觉图像和情感进行思考。"另一位发现了数百个数学公式和定义,被誉为"20 世纪的天才数学家"的拉玛奴江也曾说:"女神在梦中教会我数学公式。"与爱迪生并称为电气领域两大天才的尼古拉·特斯拉从少年时代开始,考虑问题时脑子里就会立刻形成清晰图像。看到算术题时，他的脑子里立刻就能浮现出问题的答案。伽利略的父亲在回忆伽利略的幼年时写道："他就像是一个小天文学家，总能看到奇妙的幻象，听到别人听不到的声音。"

安徒生小时候学习并不好，但是父亲从小就给他读《一千零一夜》《伊索寓言》等，大大培养了他的想象力。他总会在课上做白日梦，从围墙上的洞偷看邻居家宫殿式的大房子，之后陷入幻想。

日本童话作家宫泽贤治小时候也能看到一些别人看不到的图像。召集孩子们开音乐鉴赏会时，他这样描述了看到的图像："看，在绿油油的草地上，一位外国夫人戴着天鹅毛装饰的闪闪发光的帽子。"刚开始的时候，孩子们还不想听音乐，总想溜出去玩，可听着贤治的描述，孩子们也渐渐从音乐中看到了多种图像。

右脑能够将所见所闻用图像记忆下来，并用图像把信息原样重现出来。就像拍照片一样，可以把看到的东西拍下来，想看时只要拿出来看即可。

其实，右脑和左脑就像车的轮子一样，只有同时运转，大脑才能发挥出最高的效率。但到目前为止，左脑的轮子巨大，右脑的轮子太小，车无法顺利前行，只能在同一个地点不停地打转。

二、左脑和右脑的功能

左脑是语言脑，右脑是形象脑，左右脑分工不同，因此功能也有差异。

左脑和右脑最大的区别就是，个人在阅读、写作、思考、记忆的时候有没有用大脑把看到的、想到的东西用图片描绘出来。用右脑去记忆就是将需要记忆的东西转换成图片保存在大脑里；而有关逻辑的、推理的、判断的内容等，则需要用左脑来进行思考。

当然，在这里强调右脑的好处并不是说不再用左脑，而是需要左脑与右脑并用。根据个人的不同情况，在不同的时间使用不同的思考模式，纯粹追求使用右脑没有任何作用。

大脑分为左脑和右脑。左脑具有语言功能，擅长逻辑推理，主要储存人出生后获取的信息，日常生活用的最多的就是左脑；右脑具有形象思维能力，但不具备语言功能。右脑的信息来源渠道有：一是出生后凭直观感受直接摄取的；二是经过左脑反复强化的信息转存的；三是祖先经历的人和事经过浓缩后遗传下来的。

左右脑相比，右脑处于弱势，只有左脑的兴奋镇静下来后，右脑才会获得表现的机会。但右脑存储的信息包含了500万年来祖先所经历的人和事，其潜能相当于左脑的10万倍。大脑是沉睡的巨人，要想开发智力首先就要发掘右脑的潜能。

深入了解左右脑的功能性差异和各自优势，可以破解很多与大脑有关的问题，比如对精神分裂症、抑郁症、躁狂症和梦幻等做出科学的阐释。

三、左脑和右脑的分工

斯佩里博士曾做过一个有名的实验：切断患者的位于左右脑连接部的脑梁，挡住左视野，在右视野上放画或图形给患者看，患者可以使用语言说明图形或画上的东西是什么。可是在左视野显示数字、文字和实物，即使读法简单，患者也不能用语言说出各自的名称。

通过实验证明，人的两脑分工情景越来越清楚。左脑有理解语言的语言中枢，而右脑则是接受音乐的音乐中枢。这一点，从左、右脑的外形差别也能一目了然。语言中枢的左脑与人的意识连接在一起，左脑受损，人的意识立刻就会变得模糊。

右脑支配左手、左脚、左耳等人体的左半身神经和感觉，而左脑支配右半身的神经和感觉；右视野同左脑相连，左视野同右脑相连。语言中枢在左脑，左脑主要负责语言的、逻辑的、分析的、代数的思考认识和行为；而右脑则主要负责直观的、综合的、几何的、绘图的思考认识和行为。

四、右脑是创新能力的源泉

在日常生活中，对某件困惑已久的事情突然有所感悟，或豁然开朗，都是右脑潜能在发挥作用。

人脑的大部分记忆，是将具体情景用模糊的图像存入右脑，如同录像带的工作原理。信息是以某种图画、形象，像电影胶片一样记入右脑的。所谓思考，就是左脑一边观察右脑描绘的图像，一边把握符号化、语言化的过程。因此左脑具有很强的工具性质，可以将右脑的形象思维转换成语言。

天才爱因斯坦曾经说过："我思考问题时，不是用语言进行思考，而是用活动的跳跃的形象进行思考。当这种思考完成以后，我要花很大力气把它们转换成语言。"可见，思考的时候，首先需要通过右脑的非语言化的"信息录影带"（记忆存储）描绘出具体的形象。

学习中强烈要求的创新能力或创造力是什么？实际上就是把头脑中那些被认为毫无关系的信息连接在一起。这种并不关联的信息之间距离越大，把它们联系起来的设想也就越新奇。人是无法创造信息的，创造力也就成了对已有信息再加工的过程。因此，只要右脑自身直观的、综合的、形象的思维机能发挥作用，而且有左脑的配合，就能不断地产生新的设想。

五、"左脑人"将被计算机取而代之

如今，多数人都是左脑超负荷运转，右脑闲置浪费，思维趋同，不管做什么事，都是一窝蜂，或一刀切。在计算机迅速普及的今天，知识经济时代对每个人都提出了新的要求，要求每个人都要适应计算机时代的大脑使用方法。人有左、右两个大脑，计算机正好能够代替左脑，能很好地组织文字、编辑文章，替代左脑的部分语言功能。

要想在学习中有所突破，就要开发和使用右脑。令人遗憾的是，在现实生活中，多数人都是只使用了一半的大脑，即左脑。这是由两方面原因造成的：一是由于人体的自然生理属性。如前所述，人的分析、处理、记忆等都要经过左脑，左脑满负荷运作。二是传统应试教育和"填鸭式"死记硬背的学习方法加重了左脑负担。在社会缺少变化的时代，左脑型的人

也许还能大显身手，但是随着社会竞争愈加激烈，计算机等高科技产品更加普及，不会使用右脑的人，生存空间就会越来越狭窄。

脑细胞的记忆机理

人类的大脑模式或思维结构是按一定的有序性组织在一起的，这种有序性就是思想中的规则。大脑就是依赖这些规则(因果关系)来理解和解释事物的。如果事物结构的有序性与大脑的思维结构不兼容，就无法理解或暂时不能理解它们，因为人类对事物的认识来自感官。

当我们感到紧张不安时，就会意识到大脑没有处于良好的有序状态。个人的行为就是大脑对自己工作的结果的显现，大脑调整自己的组织结构让其变得更加有序，最终是通过行为显现的。

计算机或控制系统都有硬件和软件。软件就像头脑，控制着"身体"的行为，但其功能不一定是有智慧的。我们人体的软件是系统的组织结构，不同于计算机运行软件，思维不仅是在运行软件而且在进行自身结构重组上，都更加有序。

在人的神经网络系统中，大脑会产生意识。意识是大脑记忆某些自身活动的结果，内容总会尽可能地转向无意识，即从模糊到有序。意识通过注意和集中只能处理问题的模糊部分，而无意识则是过滤信息和支配任务，准确地对来自环境和身体内部的信号或刺激做出反应。

大脑可以回忆无意识区的记忆，但处理记忆则要在意识区进行思维。计算机程序完全是"无意识"的或完全有序的，无意识永远都不会接受来自意识的模糊内容。生活中我们能够感受两种现象：自然和生活。我们可以发现自然规律，能够预期自然现象，但无法找出动物生活的规律，也无法精确地预测出动物的行为。

生命（动物）是有意识的，世界上所有的生命包括植物在内，在最初阶段都只有无意识。无意识的作用主要有：一是完全有序地支配生命自身的行为，能够对外界和内部刺激做出准确的反应，能够适应环境和生存；二是完全无序地由自然来选择。

无意识不能处理模糊问题，一旦生命进化到一定程度，它们就会以简单的记忆方式来记录刺激与反应的关系并形成经验，最终形成意识。生命初期的意识没有自觉性，当生命能以信息的方式记忆它正在做什么，也就有了自我意识。

意识是主体对模糊信息刺激反应过程的记忆结果，大脑也是这种记忆的产物。接受了这个观点，意识也就成了记忆问题了。由于无意识，记忆并不能将所有的大脑活动都记录下来，如果计算机能自发地记录下自己的工作过程，就能产生自我意识。

讨论意识而不涉及无意识是不恰当的，因为无意识是意识的深厚基础，记忆都在无意识中。无意识的作用是过滤输入的信息、组织关联的记忆或经验、完成任务等。而潜意识是一个心理学词汇，通常用来解释人的思维和行为的驱动。

无意识并不是大脑空空，只要大脑没有死亡，它就会永远不停地工作。人脑的智能活动是意识和无意识的混合工作，没有无意识就没有智能。

大脑思维可以分为不同的层次，从最表面的行为表象和情感到基本粒子运动和相互作用。无论所指的数字、模拟、图像、情感、价值观、量子是什么意思，只要在一个讨论中跨越不同的层次，都会引起误解和混乱。

一、记忆的生理本质

作为人工智能主体的神经网络必须包括"大脑"和"身体"。所谓大脑就是该系统的意识区和无意识结构或程序。意识区处理模糊问题，包括处理记忆和编程功能；无意识程序处理精确问题，包括过滤信息、多任务功能和储存记忆。所谓身体包括感官和行为执行机构。

智能系统内部成员是依靠神经系统联系在一起的，也就是说它们之间不能存在任何信息传递界面。计算机部件之间的信息传递是有界面的，不可能成为智能主体。所有的人造系统都有一个界面，在这个界面上人和人工物的交互方式是兼容的。要想制造一个具有自我意识的"人工智能"系统，就要在它的自我意识和自我人工物之间存在一个界面。

另外，设计这种系统必须提前知道它如何产生意识，而意识又是设计目标的一种附带现象，显现于该系统被制造完成之后。设计制造的东西依赖于头脑中现有的规则和逻辑，因此对于人工物自身的功能和发展过程，都可以成功预期，无法设计出自己无法理解和预期功能的机器，只能模拟大脑功能。

人类大脑内的神经细胞多达数十亿个，它们相互之间通过神经突触相互影响，形成了异常复杂的相互联系。记忆就产生于脑神经细胞之间的相互呼叫，只不过有些相互呼叫维持的时间很短，有些比较久，还有一些介于两者之间。

当脑神经细胞受到刺激产生兴奋时，它的突触就会发生增生或感应阈下降现象；经常遭受刺激而反复兴奋的脑神经细胞，其突触会比其他较少受到刺激和兴奋的脑细胞具有更强的信号发放和接受能力。一旦相互间有突触邻接的两个神经细胞同时受到刺激、同时发生兴奋，两个神经细胞的突触就会同时发生增生，对邻接突触的作用就会不断增强。当这种同步刺激多次出现，相互作用达到一定强度时，它们之间就会发生兴奋的传播现象。也就是说，当其中一个细胞受到刺激发生兴奋时，就会引起另一个细胞产生兴奋，从而形成细胞之间的呼应联系，也就是记忆联系。

二、脑神经元的交互作用

神经细胞之间存在四种基本的相互作用形式：

（1）单纯激发。一个细胞兴奋，会激发相接的另一细胞兴奋。

（2）单纯抑制。一个细胞兴奋，会提高相接的另一细胞的感受阈。

（3）正反馈。一个细胞兴奋，会激发相接的另一细胞兴奋，后者则会反过来直接或间接地降低前者的兴奋阈，或回输信号给前者的感受突触。

（4）负反馈。一个细胞兴奋，会激发相接的另一细胞兴奋，后者会反过来直接或间接地提高前者的兴奋阈，使前者兴奋度下降。由于细胞的交互作用，记忆会受到奖励、惩罚等带来的情绪的影响。

三、脑细胞的记忆分工

人脑内存在多种不同活性的神经细胞，分别负责短期、中期、长期记忆。其中包括以下几种：

（1）活泼细胞。主要负责短期记忆，数量较少，决定着人的短期反应能力。这种细胞在受到神经信号刺激时，会短暂地出现感应阈下降的现象，但其突触一般不会发生增生，且感应阈下降只能维持数秒至数分钟，然后就会恢复到正常水平。

（2）中性细胞。主要负责中期记忆，数量居中，决定着一个人的学习适应能力。这种细胞在受到适量的神经信号刺激时，就会发生突触增生，但这种突触增生较缓慢，需要多次刺激才能形成显著变化，而且增生状态只能维持数天至数周，较容易发生退化。

（3）惰性细胞。主要负责长期记忆，数量较多，决定人的知识积累能力。这种细胞在受到大量反复的神经信号刺激时，会发生突触增生，这种突触增生极缓慢，需要很多次反复刺激才能形成显著的变化，但增生状态能维持数月至数十年，不容易退化。

上面这三种细胞的区分是相对的，脑细胞的活性分布并没有明确的界线，而是连续分布的，例如活泼细胞的活性都不一样，有些活泼细胞的突触变化周期只有几秒，有些则为几分钟。

为什么要反复学习才能记住？因为神经细胞并不能对所有接受到的刺激做出反应，只有刺激的强度超过神经细胞的感应阈，才能激发神经细胞做出反应。通常少量的信号刺激只能使活性细胞的感应阈下降一点，不能使中性或惰性细胞的突触增生，无法保持较长的时间。因此，要想形成有效持久的记忆，必须经过反复的学习刺激，直至相应的惰性脑细胞发生充分的突触增生而形成有效的相互作用。

为什么有时能回忆有时不能？当刺激强度接近神经细胞的感应阈时，有时能激发神经细胞，但有时则不能激发，主要原因就在于神经细胞的感应阈具有不稳定性，受多种因素影响，会呈现出忽高忽低的变化。

为什么有时能回忆起很多年前的细节？大脑内存在着以天文数字计算的隐性联系，这种联系构成了人的潜意识。隐性联系在一定的条件下可以变成显性联系，当神经细胞的敏感性提高时，有时人们就会忽然想起几十年前的陈年旧事。

为什么情绪不好时记忆力差？记忆形成过程中的奖励能够降低细胞的感受阈，提高记忆效率。相反，记忆形成过程中的惩罚或不愉快感受，则会提高细胞的感应阈，降低记忆效率，甚至无法形成有效的记忆。因此，记忆时保持良好的情绪有利于提高记忆效率；反之，心神不宁或身体不适时，则记忆力比较差。

四、遗忘的生理本质

所谓遗忘就是曾经建立的脑细胞相互联系，在一定条件下联系作用减弱，直到相互作用强度低于记忆阈值。对短期记忆来说，就是活性脑细胞的感应阈恢复到较高水平，变得不敏感；对长期记忆来说，就是惰性脑细胞的突触因为长期得不到必要的刺激而退化萎缩。

人们为什么会遗忘？因为脑细胞总处于变化之中，一旦遭受反复刺激，就会发生突触增生；长期得不到刺激时，就会发生突触退化。因此已经建立的联系，只有经过反复刺激，才能保证相互作用强度超过记忆阈值，才能保持有效的相互作用，否则就会退化失效。

另外，虽然人脑的记忆容量很大，但毕竟有限，跟人类一生所接受的信息比起来，人脑的记忆容量更是无法尽数收纳的。如果有个人过目不忘，用不了三天，他脑子就会塞满无关紧要的信息，例如每次排便的情境、吃每一粒饭时的感受、每步走过的位置等。这些信息只在发生后很短的时间内才有用，过后则会成为无用信息。无用信息一旦增多，不仅会占用宝贵的大脑记忆容量，还会大大妨碍有用信息的检索。因为每次回忆一个有用的信息，都要想起无穷无尽的枝节小事，如此，必然会影响到正常生活，甚至无力维持基本生存。遗忘，是人类经过数万年的生存竞争而获得的一种适应环境的本领，更是大自然赐给人类的一种有效使用大脑资源的能力。

给大脑做"操"，对记忆大有好处

大脑是人体中枢，像交通指示灯一样，指挥着身体各项机能的有序运行。锻炼大脑，不仅可以激发人体潜能，令人充满活力，还能延缓衰老。如何才能轻松激活大脑，防止早衰呢？

（1）猜猜猜。播放一首交响曲，闭上眼睛，认真从音乐中分辨来自不同乐器的声音，不仅可以陶冶情操，还能锻炼大脑。此外，演奏乐器要靠两手的巧妙配合，对照乐谱演奏，还能让大脑枕叶、顶叶和前额叶得到运用，锻炼大脑。

（2）做游戏。拼图、填字游戏、数独、拼魔方、猜字谜等智力游戏，不仅可以刺激大脑，令大脑更活跃；同时还能促进大脑分泌多巴胺，令人感到身心放松。

（3）动手指。手指神经密集，与大脑联系密切，平时要多锻炼双手，比如两手同时活动。平时经常使用小拇指、无名指等，也能锻炼大脑。

（4）多算数。过度地依赖计算机，甚至连简单的加减乘除也不用大脑计算，时间长了，大脑就会衰退。因此，买菜、逛超市时，完全可以用大脑来计算价格，提高大脑的工作效率。

（5）锻炼下巴。放松肩颈肌肉，挺直后背，收缩下巴，张大嘴发

"啊"的音，再噘起嘴发"呜"的音，上下牙齿不要接触。每天坚持做十几遍，不仅能锻炼下巴，还能促进颈部血液循环，改善大脑的血流状况。

（6）自由画画。闲暇时可以练习画画，使负责艺术性创造活动的右脑得到充分锻炼。不喜欢或不擅长画画，也可以尝试信笔涂鸦，效果一样。

（7）做喜欢的事。在大脑海马体的旁边有一块区域，主要负责把喜厌等情绪传递给海马体。这些情绪会长久地留存在记忆中，并对记忆产生重要影响。因此平时要多做自己喜欢做的事，使大脑多保存一些良性记忆。

（8）尝试有挑战的事。平时可以试着做些有难度的事情，比如自己不太了解或不确定能否做到的事情，刺激大脑分泌多巴胺，激发干劲。

（9）外出散步。周末既可以到陌生的公园散步，欣赏优美的风景，满足好奇心，刺激大脑，消除疲惫，振奋精神；也可以在熟悉的环境中散步，让大脑产生无聊感，激发大脑的创造性。

附：大脑操

想象大脑的各个部分，像实际看到的一样生动真实。体会各部分的感觉，并把注意力集中在这种感觉上。如果无法集中精神，想象大脑的各个部分，同时在心里默念"大脑""小脑"等脑器官名称。默念这些名称的时候，你的注意力就会被集中在相应的器官上，能量也会随之传递过去。具体过程是：

（1）坐在椅子或地上。选自己感到最舒适的姿势坐好，挺直脊柱，双肩放松，两手自然放在大腿上。

（2）深吸气，然后缓慢呼出。反复进行3次，使身心彻底放松下来。

（3）把注意力集中在大脑上，想象保护大脑的坚硬头盖骨。

（4）想象并感受一下头盖骨中凹凸不平的大脑皮层，转动眼睛，使想象和感觉变得立体起来。

（5）全面审视大脑，先看左脑，再看右脑。左脑控制语言、计算、逻辑分析等能力，右脑控制皮肤感觉、直觉、空间感觉、艺术感觉等。

（6）想象连接左、右脑的胼胝体。

（7）把视线转移到大脑后，可以看到大脑下面的小脑。小脑控制平衡和运动感觉。

（8）从大脑和小脑中间部分深入进去，会看到间脑和脑视床。脑视床下部与调节荷尔蒙分泌的脑下垂体顺势连接在一起，想象一下脑下垂体分泌的荷尔蒙沿着血液流动到全身。

（9）间脑的下面是中脑。中脑主要负责眼球运动等与眼睛有关的功能，如果感到眼睛疲劳，完全可以想象一下中脑并向中脑运送能量。

（10）中脑下面是延髓。主要负责呼吸、消化、心脏搏动等维持生命活动所必需的器官功能，如果延髓出现问题，生命就会非常危险。

（11）看看脊髓。脊髓呈圆柱体，是运动神经、感觉神经、自律神经的通道。

（12）用约20秒的时间再次全面审视大脑，也可以按照这个顺序：大脑全部、左脑、右脑、小脑、间脑、脑下垂体、中脑、延髓、脊髓……一部分一部分地仔细看。

（13）揉搓双手，手变热后，揉擦脸部和头部，完成训练。

音乐治疗让你获得真正的脑力

一直以来，音乐都是缓解阿尔茨海默病（AD）的有效途径，究竟是什么原因呢？因为音乐能够唤起阿尔茨海默病患者的回忆和情感。

最新的一项研究表明，患者在唱经典流行歌曲或听完电影和音乐剧中的旋律后，大脑活动会有所提升。一半患者在研究人员的带领下听精选歌曲，一半听随机歌曲。音乐治疗结束后，所有人都接受大脑活动测试和生活满意度调查。结果显示，在带领下听音乐的患者比自己听音乐的患者的分数要高很多。

研究人员认为，音乐能够促进大脑活动的原因主要有五个方面：

（1）音乐能激起回忆和情感。音乐能激起人们的情感活动，脑神经学家奥利弗·萨克斯（Oliver Sacks）表示："音乐能激起情感，而情感又能唤醒回忆……在什么方法都不奏效的情况下，音乐却能唤回生命栩栩如生的感觉。"将音乐添加到日常活动中，个人就能建立属于自己的旋律，并帮助他们唤回做那个活动时的经历回忆，从而逐渐促进脑神经活动。

（2）对音乐的态度和热爱是个人仅存的能力。对音乐的态度和热爱，是患者仅存的能力。这就告诉我们，音乐确实是一种不错的克服疾病并深入当事人心灵的治疗方法。

（3）音乐能带来生理和心理上的双重亲密感。音乐是有韵律的，听音乐的过程中，有些人还会跟着韵律跳舞。舞蹈可以延伸至拥抱、亲吻和触摸，并唤回安全感和回忆。

（4）唱歌是帮助个人集中注意力的有效方法。唱歌时会用到左脑，听音乐时会用到右脑，而看相关课程又会运用到大脑的视觉部分。因此当众多部分同时被刺激时，对大脑的锻炼要比平常多很多。

（5）音乐能改变情绪，缓解压力，刺激正能量。合理运用音乐，就能改变情绪，缓解压力，促进正能量循环，帮助大脑运作，协调身体动作。因为音乐需要很少甚至不需要生理消化，所有的音乐活动几乎都不会使用到多数人已经失去的认知功能。

大脑的运转也需要营养

大脑是人体最重要的器官之一,负责指挥人体从事各项活动。大脑的营养需求特别旺盛,不仅需要充足的氧气,还需要其他一些营养元素,以保证大脑的健康高效运行,尤其是处于学生期,大脑的运作更加频繁。身体会累,大脑也会累。要动脑,也要养脑补脑,因此必须提供给大脑足够的营养。

黄灿云是2010年理科状元,后被香港大学录取。灿云的父母都在医院工作,非常重视灿云的饮食。高三学习压力大,用脑量大增,为了帮孩子减轻疲乏,提高记忆效果,他们不仅注意平时的饮食,还合理补充卵磷脂和必需的氨基酸。

大脑的重量虽然只占体重的2%~2.5%,但其消耗的能量却占全身总消耗量的20%。大脑发育的好坏直接影响着孩子的智力,大脑发育的关键就在于摄取到大脑所需的营养物质。那么,大脑的运转究竟需要哪些营养物质呢?概括起来,大脑最需要的营养主要有:

(1)抗氧化物。随着年龄的增长,代谢产生的自由基会攻击大脑细胞,最终导致记忆丧失。抗氧化剂可以对抗自由基的危害,因此要多摄取富含抗氧化剂的食物,比如:蓝莓或草莓、西蓝花、胡萝卜、大蒜、葡萄、菠菜、茶、番茄等。

(2)健康脂肪。脑细胞都需要健康脂肪,大脑的自我修复和更新会消耗大量的Ω脂肪酸,因此要多补充这类脂肪酸。主要食物来源有:三文鱼、金枪鱼、亚麻油、菜籽油、小麦胚芽、蛋类等。

（3）高酪氨酸蛋白。某些神经传导物，需要色氨酸或酪氨酸，这些营养物质需要从食物中补充。能提高灵敏性和注意力的食物有乳制品、蛋类、海鲜、大豆等。

（4）水。即使是轻微的脱水，也会减少精力、损害记忆。因此每天至少要喝1200毫升水（约合6杯）。炎热天气或运动时，更要多喝水。

（5）膳食纤维。大脑运转的能量都要靠血糖，而膳食纤维有助于稳定血糖，对大脑功能有益。富含膳食纤维的食物有蔬菜、豆类、坚果、水果、全麦谷物等。

（6）维生素和矿物质。缺乏这些营养元素，会造成大脑学习能力下降，因此必须保证全面均衡膳食。如果无法摄入多样的食物，可以额外补充复合维生素，跟食物一起吃吸收更好，还可避免肠胃不适。

要想记忆好，健脑最重要

大脑，是人体最重要的器官之一。生活中也存在很多健脑的方法，但盲目听信健脑偏方，不根据自身情况进行健脑，反而会造成脑损伤。那么该如何健脑呢？

（1）增强脑力活动。古人主张博学强记，博学可以增强记忆，强记又可以促进博学，二者相辅相成。实践证明，脑力活动可以提高大脑的敏感性，改善记忆和学习效果，尤其是年轻时的脑力活动对人脑寿命的影响更大。

（2）调节大脑状态。清晨到户外散步或运动，呼吸新鲜空气，都能唤醒处于抑制状态的神经与肌肉。在大脑疲劳时，听一下音乐或观赏一下绿草红花、蓝天白云，也能松弛紧张的大脑，做到劳逸结合。

（3）多动手指。"心灵手巧"是有一定道理的。研究证明，手指功能的技巧锻炼可以促进思维，健脑益智。手托两个铁球或两个核桃，不停地在手中转动，长期坚持，就会起到良好的健脑作用。

（4）按摩头顶。多做头部按摩，能够促进大脑血液循环，延缓大脑衰老。具体方法是：十指从发际到发根，由上而下，由下而上做直线按摩；然后两拇指在太阳穴用力做旋转按摩，先顺时针后逆时针。上述按摩各进行100次，早晚各1次，长年坚持可以达到提高智力、养神健脑的效果，对于用脑频繁的学生更有益处。

合理饮食，是提高记忆力的基础

在快速阅读与思维导图的学习过程中，很多人都会生出这样的疑问：如何才能让思考力更敏锐、注意力更集中并提高记忆力？应该吃哪些食物？这里我们就介绍几种常见的，有助于集中注意力、提高记忆力的食物。

（1）番薯。番薯中含有丰富的维生素B、维生素E，以及β-胡萝卜素。其中，维生素E的含量还是糙米的2倍，有不错的抗氧化与消除疲劳的效果。哈佛大学的研究指出，β-胡萝卜素可以延缓因年龄造成的脑力退化，能让中学生维持更敏锐的思考能力。

（2）鱼。脑细胞的60%是由不饱和脂肪酸构成的，其中最重要的是DHA。DHA是大脑神经细胞的重要成分，对大脑神经元件的传导、突触的生长十分重要，能够增强大脑智力、记忆力与专注力。DHA在陆产肉类与蔬菜中的含量几乎为零，只存在于海产肉类中，其中又以深海鱼类含量最丰富，尤其是眼窝脂肪与鱼皮部位。

（3）瘦肉。瘦肉与肥肉相比，脂肪少、蛋白质含量高。此外，瘦肉还富含 B 族维生素、维生素 E，以及矿物质铁与磷。铁是红血球中血红蛋白的重要成分，血红蛋白是人体负责运送和交换氧气的工具，能够让大脑保持活力，铁一旦缺失，就会引起贫血、精神涣散和记忆力减退等症状。磷则是参与神经纤维传导、能量生成和储存的关键物质，是大脑运作不可或缺的元素。

（4）牛奶。牛奶中含有丰富的蛋白质与矿物质钙，都是大脑的重要营养来源。蛋白质是构成人体的原料，也是组成脑细胞和神经传递物质的重要元素之一，能帮助脑部发育；钙质可以抑制脑细胞异常放电、稳定情绪、促进良好睡眠、减轻身体疲劳、增强抵抗力。如睡前喝一杯牛奶，有助于大脑获得更充分的休息。

（5）燕麦。燕麦是"大脑的粮食"，是低 GI（升糖指数）食物，食用后血糖也不会快速升高。此外，燕麦还含有丰富的维生素 B、维生素 E 及矿物质锌等有益大脑的营养元素。其中，维生素 E 不仅能够防止大脑衰退老化，还能减轻疲劳；锌存在于多种酶中，能增强记忆力。缺锌，就会精神不济。常吃燕麦片可提高大脑活力。

（6）香蕉。脑细胞的热量来源与其他细胞不同，只能依赖碳水化合物而无法从其他营养素获得。香蕉中不仅含有丰富的碳水化合物，还有大量的果胶和维生素 B。维生素 B 能促进糖类充分转化成能量，协助蛋白质代谢，维持脑细胞正常功能运作。学习疲劳的时候，要想维持大脑的巅峰状态，就可以随时补充一根香蕉。

总之，除了掌握好的学习方法外，搭配合理的日常饮食，学习起来就更不容易累了。

解除脑细胞疲劳，记忆自然就好

很多学生记不住知识，不是没掌握记忆方法，也不是没有理解具体内容，而是因为大脑已经感到异常疲劳了。超负荷运作，大脑也会累；大脑如果太累，运作就会慢很多，记忆效果也会削弱很多。因此，要想提高记忆效果，首先就要解除脑细胞的疲劳。

1. 培养学习兴趣

大脑产生疲劳的原因，有精神和体力两个方面。身体疲劳时，只要让机体趁机休息一下，就能恢复；而精神疲劳仅靠休息一下，是无法清除的。不要将精神疲劳当作体力疲劳，应当努力探究产生精神疲劳的根源，努力提高学习兴趣，积极主动地探求知识。

兴趣有助于学生在认识事物过程中产生良好情绪，继而促使人们去积极认识和了解事物。成绩的好坏，很重要的一个因素就是大脑细胞是否处于兴奋状态。对学习不感兴趣，进行强迫性学习，大脑皮层的有关区域就会呈现抑制状态，继而出现视而不见、听而不闻、有口无心的情况，势必会影响到成绩的提高。只有激起自己的求知欲，对探求学习内容的本质和规律有强烈的兴趣，才能使大脑功能处于最佳状态。

2. 合理分配学习时间

学习负担过重，在紧张的状态下学习，学生就容易造成大脑疲劳；相反，学习没有难度，也容易造成大脑疲劳。适度的难度可以激发学习兴趣，产生积极的情绪，活跃大脑的高级部位，使它产生高度兴奋。

大脑是思维的器官，只要不在疲劳状态下进行思考，那么对各种问题进行的研究，对大脑不但没有害处，反而会让大脑越用越灵。大脑生理学家指出，正常人的大脑具有140亿~160亿个神经元，能够储存1000万亿信息单位，相当于美国国会图书馆馆藏1000多万册图书50倍的知识。也就是说，无论怎样增加信息接受量，都不会导致大脑负担过重，大脑都会具备刻苦学习的物质基础。

日本科学家通过一系列实验发现，懒惰会引起早衰，而长期从事脑力劳动的人即使到60岁时，依然能像20岁那样思维敏捷。显然，防止大脑疲劳与勤奋学习并不矛盾，只要正确处理学习和休息的关系，把科学用脑与勤奋学习结合起来，不但能提高学习效率，还有利于身体的健康。

3. 学习中动静交替

为了防止大脑疲劳，卢梭是这样做的：合理安排读书时间，相继研究不同领域、难度各异的几个问题，使大脑不会总纠结在一个问题上，得到调节和休息。连续研究几个不同的问题，即使毫不间断，他也能轻松愉快地一个又一个地寻思下去，这样就消除了疲劳。在治学计划中，卢梭充分利用自己发现的特点，对一些问题交替进行研究，即使整天用功，也不觉得疲劳了。

大脑皮层功能定位学说告诉我们：为了防止某一区域的脑细胞疲劳，就要使大脑皮层各区域经常交替着工作。大脑皮层在做某一工作时，相应部分的脑细胞就会处于兴奋状态，其他部分的脑细胞则处于抑制状态。在大脑皮层上形成兴奋区（工作区）和抑制区（非工作区）互相交替地活动。随着工作性质的不断改变，兴奋区与抑制区也会不断轮换。这样不仅能够让大脑皮层上的各区域轮流休息，也能使原工作区得到抑制，从而更快地使疲劳的机体得到较好恢复。

因此，为了使大脑皮层保持较长时间的工作能力，不同性质的学习内容就要互相轮换，动静配合。比如：学习高等数学后听听音乐，看看报纸、小说；学习外语单词后，看看电视或画册……要让大脑左右两半球都工作起来。

4. 坚持体育锻炼

体育锻炼和学习中的活动，能增强大脑皮层对刺激的分析判断能力，加强大脑皮层对肌肉和内脏器官的控制能力，促进血液循环，提高新陈代谢，继而增强体质，提高大脑反应的灵敏度。

马克思在《致恩格斯》一文中写道："首先要注意自己的健康。时代在好转，它将对你的身体提出很多要求，要锻炼它，而不要损害它。"体育锻炼对大脑的重要性可见一斑。

体育锻炼的方法多种多样，应因人而异、因地制宜。这里介绍一种常用的方法，即"三个一"健身法：每天锻炼一小时，热爱一项体育运动，一有机会就进行锻炼。每天锻炼一小时，可以在早上或下午的适当时候进行。不仅要具备坚强的毅力，还要讲究锻炼的方法。

5. 生活有规律，睡眠有保证

生活有规律，睡眠时间充足是保护脑功能的重要措施。一般认为，学生每天睡眠时间不能少于7小时。要想防止大脑疲劳，不仅要变换活动方式，还要保证足够的睡眠。因为睡眠是大脑休息的最重要、最基本的形式，是保护大脑的重要条件，是大脑皮层保护性抑制特点的需要。

睡眠是提高学习效率的需要。为了提高成绩，加班加点、牺牲睡眠来努力学习，结果只能适得其反。

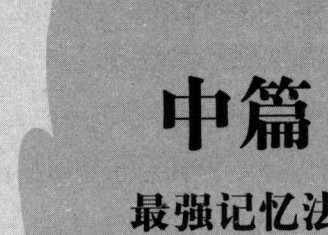

中篇
最强记忆法

精准记忆——每个人都要掌握的高效记忆法

一、锁链记忆法

定义和特点

所谓锁链记忆法就是根据右脑的潜能，将多种资料像锁链般连接起来，使之环环相扣，提高记忆效果。这种方法充分运用了大脑潜在的图像、色彩、动感、空间感觉、轻松想象、创造力等能力，强化了大脑关联皮质的联结，增强了大脑的记忆功能。

举个例子：尝试记忆下面的词语：

爆米花　　狼狗　　玫瑰　　飞机　　书包
石头　　　电话　　灭火器　汽车　　扑克牌
救护车　　大树　　草莓　　火炬　　天平

闭上眼睛回忆，你能记住几个？使用锁链记忆法，可以这样记忆：

爆米花撒落到狼狗头上，狼狗咬住了玫瑰，玫瑰插到了飞机上，飞机掉落到了书包上，书包里掉出一颗石头，石头砸了电话，电话线绕住了灭火器，灭火器喷到了汽车上，汽车撞到了巨大的扑克牌，扑克牌插到了救护车上，救护车撞到了大树，树倒在了草莓上，草莓用手拿住了火炬，火炬点燃了天平。

具体使用方法

锁链记忆法的具体使用方法为:

1. 充分挖掘右脑的想象能力

(1)用轻松的心态来描绘脑海图像,运用想象力和创造力,让记忆对象鲜活起来。这时脑海里所想的、所记的,不再是一个刻板的文字资料,而是一幅幅生动的图画。注意,大脑内看到的图像,画面要清晰、明确地呈现。

(2)采用夸张的手法,不要太平凡、太平淡,想象的事物越夸张、越荒谬,记忆效果越好。

(3)采用放大的手法,想象的东西不要太小、太细微或被遮蔽,要将它扩大、扩充,强化视觉记忆。

(4)加入动感与空间感,感受空间的存在。

(5)加入鲜艳明亮的色彩,让记忆多姿多彩。

(6)将抽象的概念具体化。

2. 资料化为图像后积极实践

关于这一点,要从下面几方面做起:

(1)前后图片要具体清晰。

(2)把图像综合成一幅图。

(3)环扣出的清晰度与记忆牢固度有直接联系。

(4)在记忆过程中,抛却已经记忆过的事物。

如此就能把想象力和锁链串联的联想力发挥得淋漓尽致,在更多潜能的激发下，一定能记得又快又牢，精确无比。

举个例子：使用锁链记忆法记住下面的几个词

鲜花、酒杯、春天、彩票、战斗机、汤、原谅
疑惑、姿态、金茂大厦、观念、报纸、野人
西瓜、丰收、休息、氢弹、艺术、温度、装饰

用锁链法记忆的过程如下：
（1）找出抽象词，并将这些抽象词转换成具体图像，比如
春天（替换）——桃花　原谅（谐音）——月亮
疑惑（谐音）——烟火　姿态（谐音）——子弹
观念（替换）——老人　丰收（替换）——农民
休息（替换）——床　　艺术（替换）——雕像
温度（加字法）温度计　装饰（替换）——房间
（2）用锁链法记忆词语
想象：红色的鲜花插进了酒杯杯口。想象交集部分：鲜花和酒杯杯口接触部分。

想象：酒杯的瓶身上长出了桃花。想象交集部分：酒杯瓶身和桃花之间的接触部分。

想象：桃花根插进彩票。想象交集部分：桃花根一瞬间穿过彩票的接触部分。

想象：彩票撞向了战斗机机头。想象交集部分：彩票和机头的接触部分。

想象：战斗机从一碗汤水中飞出。想象交集部分：战斗机与汤水的接触部分。

想象：汤水花溅到了月亮上。想象交集部分：汤水花和月亮的接触部分。

想象：月亮上挂着一束烟火。想象交集部分：月亮与烟火之间的接触部分。

想象：烟火打中了子弹头。想象交集部分：烟火与子弹头的接触部分。

想象：子弹头卡在了金茂大厦中央。想象交集部分：子弹头与金茂大厦中间的接触部分。

想象：金茂大厦被一个老人的脚举了起来。想象交集部分：金茂大厦与老人脚的接触部分。

想象：老人嘴里叼着一张报纸。想象交集部分：老人嘴与报纸的接触部分。

想象：报纸贴在野人的屁股上。想象交集部分：报纸与野人的屁股接触部分。

想象：野人用手抠西瓜。想象交集部分：野人的手与西瓜的接触部分。

想象：西瓜跳到农民的头上。想象交集部分：西瓜与农民头的接触部分。

想象：农民用脚踩烂了床。想象交集部分：农民脚与床的接触部分。

想象：床底压碎了氢弹。想象交集部分：床底与氢弹的接触部分。

想象：氢弹的弹头击中了雕像的身体。想象交集部分：弹头与身体的接触部分。

想象：雕像的眼睛上插着温度计。想象交集部分：雕像的眼睛与温度计的接触部分。

想象：温度计挂在房间的墙上。想象交集部分：温度计与墙的接触部分。

……

遵循以上规则并运用锁链法原则，就能将众多记忆信息按顺序清楚地记忆下来。

使用锁链记忆法，需要注意这样几个问题：

（1）连接不紧密。词语之间的连接一定要紧密，否则会造成脱节。锁链记忆的一个重要原则就是环环相扣，每个图像之间都要扣在一起。比如想象功夫熊猫和柠檬，联想的画面是：功夫熊猫旁放置着一大堆柠檬或功夫熊猫拿着一个柠檬，这就是联结不紧密，不容易记忆；环环相扣的画面一定要有动作、要夸张、要奇特。可以想象：功夫熊猫拿着柠檬时用力紧握，直至柠檬被握烂，柠檬的汁液都流到了功夫熊猫的手上。如此，才能提高记忆效果。

（2）某一环节断开。联想时，要把所有的词语组成一个大画面，像放电影一样。但是在放电影的过程中，某个画面突然忘记了，后面很可能就想不起来，因此想象时要避免中间脱节。

（3）用简单直接的场景联结。运用锁链记忆法时，要采用简单直接的场景联结，不要出现第三方画面。看到文字时，一定要在大脑中想出对应的心像，在脑海中浮现出夸张、动态的画面，至少要让自己的头脑中感知到。

（4）主动联想。运用锁链记忆法时要使用主动的联想方式，按照先后顺序浮现心像，做到环环相扣。

练习：

1.用锁链法记忆下面词语

苹果　　小刀　　铅笔　　小狗　　加菲猫
火车　　大象　　门　　　电话　　玫瑰花

锁链法记忆：

苹果中间插入小刀，小刀削铅笔，小狗拿起铅笔写字，加菲猫和小狗掰手腕，加菲猫开火车，火车撞飞大象，大象用鼻子喷水射倒了门，门上挂着电话，我打电话订玫瑰花。

2. 用锁链法记忆下面词语

石头　脸盆　潜水艇　蚊子　挂钩　聪明的一休　海洋
骆驼　木瓜　书桌　大树　鸡蛋　火车　麦当劳　燕子

锁链法记忆：

石头上放着一只巨大的脸盆，脸盆里有一艘庞大的潜水艇，潜水艇的背上栖息着一群黑压压的蚊子，这些蚊子都抱着一只挂钩，挂钩下挂着聪明的一休，一休的脚够着了蓝色的海洋，海洋里有只骆驼伸出头来，骆驼嘴里叼着一只散发着香气的大木瓜，木瓜插在书桌桌面上，桌子腿有一根长成了大树，树枝上挂着满满的鸡蛋，鸡蛋排着队滚到火车车厢里，火车的一头已经开进了麦当劳，麦当劳的柜台上蹲着一只黑色的燕子。

3. 用锁链法记忆下面词语

小鸟　衣架　望远镜　胡萝卜　大猩猩　戒指
手　马桶　老乌龟　旗杆　拳击手套　钥匙　鳄鱼

连锁法记忆：

小鸟站在衣架上沐浴着春风吹着小曲，正拿着望远镜欣赏远处菜园里的各种新鲜的蔬菜，突然一根又大又长的胡萝卜出现在它眼前，而且这个胡萝卜正在被一只大猩猩咬在嘴里，再一看，有一个超大的戒指套在大猩猩毛茸茸的手上，然后这只手又在使劲地掏着马桶，掏出一堆东西让人十分恶心，掏着掏着突然发现一只老乌龟躺在马桶盖上，一动不动，因为它被一个穿过屋顶的大旗杆刺穿了，鲜血直流，再出去一看，旗杆上挂着一只大大的拳击手套，手套上系着一把长长的古怪钥匙，这把钥匙正好塞在鳄鱼的嘴里。

4. 用锁链法记忆下面词语

洗衣机 公鸡 篮球 蜻蜓 卫生纸

连锁记忆法:

一台正在高速运转的洗衣机里,扑棱扑棱地飞出一只大公鸡,这只公鸡飞出来后用自己的爪子用力地抓住一个篮球,把篮球都抓破了,从篮球里面挣脱着飞出一只蜻蜓,它的翅膀上还缠着一圈一圈的卫生纸随风飘扬。

5. 用锁链法记忆下面词语

水瓶座 双鱼座 白羊座 金牛座 双子座 巨蟹座
狮子座 处女座 天秤座 天蝎座 射手座 摩羯座

连锁记忆法:

从一个巨大的水瓶(水瓶座)里蹦出来两条鱼(双鱼座),结果蹦出来后就撞到了一只白羊(白羊座)的身上,被白羊的毛给缠住了,白羊受到惊吓猛地往前一蹿,一下子把一头金牛(金牛座)给顶飞了,金牛重重地落到地上但却没有任何事,原来它的身子底下压着两个小孩子(双子座),把他们压得哇哇直哭,从两个小孩的身上爬过一只巨大的螃蟹(巨蟹座)把一只狮子(狮子座)的脚都给夹住了,狮子的身上坐着一个美丽的女孩(处女座),头上顶着一个大大的天平(天秤座),在天平的托盘里有好多天蝎(天蝎座),被一位帅气的射手(射手座)给一只一只射死了,原来射手的手指上戴着魔戒(摩羯座)才那么厉害。

6. 用锁链法记忆下面词语

裙子　松鼠　妈妈　足球　猴子　拐棍　龙　乌云　闪电　小男孩　电视
弹簧　小丑　大象　听诊器　日本人　勺子　昆虫　群山　书包　手
摩丝　彩虹　坛子　鼠标　婴儿　火箭　星星　枫叶　梯子　运动员
气球　小女孩　棍子　西瓜　圆桌　跳水　铁链　锁头　磁铁　猫头鹰
狮子　滑板车　啤酒　蝴蝶　花篮　救护车　口红

连锁记忆法：

　　裙子里跳出一只松鼠，松鼠跳到了妈妈的手上，妈妈头上顶着一个足球，足球上踩着一只猴子，猴子拿着一根拐棍，正在敲龙的头，龙藏在了乌云里，打出一条闪电，闪电劈到了小男孩，小男孩一脚踢到了电视上，电视坏了弹出了一个弹簧，弹簧打到了小丑，小丑碰到了大象，大象带着听诊器，日本人把听诊器给带走了，手里拿着一个勺子，想要去舀昆虫，昆虫跑到了群山，群山上挂着一个书包，书包中间伸出一只手，手里拿着摩丝，喷出来彩虹，彩虹掉进坛子，坛子压着鼠标，鼠标上趴着一个婴儿，婴儿屁股上有一个火箭，火箭升到了星星上，星星的嘴里吐出枫叶，枫叶落到了梯子上，梯子被运动员举着，运动员腿上系着一个气球，气球飞到了小女孩那里，小女孩拿着一个棍子敲西瓜，西瓜在圆桌上，圆桌上有人跳水，她挂着一条铁链，铁链上挂着一个锁头，锁头吸住磁铁，磁铁吸到了猫头鹰，猫头鹰打狮子，狮子站在滑板车上，滑板车上面有一瓶啤酒，啤酒喷出了蝴蝶，蝴蝶提着一个花篮，花篮掉到了救护车上，救护车撞上了口红！

二、串联故事法

定义和特点

所谓串联故事法就是将不同的事物用故事的形式串联起来,成为一个有条理、能一路想象下去的故事。串联法中有两种不同的分支:一种是单纯的图像叠加法,只是将两个图像扣在一起形成奇像,不用添加任何故事情节;另一种是故事串联法,把记忆的资料糅进一个编造的故事中,回想故事,提醒自己要记忆的信息元素。在实际运用中,两种串联技巧可以单独使用,也可以结合使用。

故事通常都有情节、有趣味,形象生动,容易记住。编写故事的过程中,需要充分发挥想象力,加深对材料的理解,培养对材料的兴趣,因此采用这种方法,就能强化记忆。比如:

化学课中,很多学生都不喜欢记元素,单调、乏味的元素名称很容易从记忆的网孔中溜掉,比如,细胞内包含的18种主要元素就很不好记。对此完全可以编个小故事:细胞如同生命工厂,该厂需要的主要原料是碳、氢、氧、氮;该厂科技人员的代号通称为六零六(硫、磷、氯),他们手拿(钠)铁、镁、钙、钾,吃着同点心(铜、碘、锌),背着古诗(钡、钴、锶)(以上6种为细胞内主要微量元素)。这样很容易就记住复杂的化学元素了。

记忆历史同样如此。纯粹的历史总会给人以单调枯燥的感觉,但可以通过调动想象力，把历史编成有声有色的故事。比如：记忆太平天国运动时可以把与之有关的历史小说找来读一下，对照需要记忆的历史事实，把小说缩写为生动活泼的故事，这样就便于理解和记忆了。

举例：56个民族故事记忆法

1. 壮族、独龙族、布依族、白族、毛南族、土族、京族、仡佬族、高山族

故事记忆法：

一个强壮（壮族）的独眼龙（独龙族）穿着布做的衣服（布依族），拎着一只白鹅（白族），背上背着一个浑身长毛的男孩儿（毛南族），手里拿着一把土（土族），要到北京（京族）去看哥哥和姥姥（仡佬族），他爬上了一座高山（高山族）。

2. 彝族、苗族、朝鲜族、锡伯族、达斡尔族、哈尼族、纳西族、珞巴族、侗族

故事记忆法：

一个（彝族）身材苗（苗族）条的姑娘朝（朝鲜族）他走了过来。仔细一看，姑娘穿着闪闪发光的锡箔（锡伯族）衣服。正愣神，她突然打我耳（达斡尔族）朵并说："喊你（哈尼族）没听见啊？"然后她拿出西瓜（纳西族）用萝卜（珞巴族）在西瓜上搞了个洞（侗族）。

3.傈僳族、东乡族、俄罗斯族、鄂温克族、维吾尔族、哈萨克族、藏族、赫哲族、塔吉克族、普米族

故事记忆法：

傈僳族（傈僳族）的方姑娘问："东西香吧（东乡族）？饿了吃螺蛳（俄罗斯族），饿了闻一闻壳（鄂温克族）。"说着，她又喂我动物耳朵吃（维吾尔族），我高兴得哈哈大笑，洒了可乐（哈萨克族），弄脏（藏族）了衣服。姑娘赶紧把褐色褶皱（赫哲族）的皮衣拿出来给我穿。她饥渴（塔吉克族）了就铺了一地小米（普米族）吃。

4.裕固族、柯尔克孜族、德昂族、塔塔尔族、满族、乌孜别克族、瑶族、傣族、基诺族、羌族

故事记忆法：

姑娘拿出了一块玉骨头（裕固族），在上面刻耳刻字（柯尔克孜族）。我赶紧说："多昂（德昂族）贵啊，别破坏了。"她生气地把它扔到地上踏踏耳朵说（塔塔尔族）："我们的爱情更珍贵！你对现在的生活满意吗？"（满族）我点头拿起一瓶可乐正要喝，她阻止我说："屋子里别喝可乐（乌兹别克族）。"她在我腰（瑶族）间的口袋（傣族）里发现了一部诺基亚（基诺族）手机，告诫我别让别人抢（羌族）走了。

5.布朗族、佤族、水族、景颇族、汉族、黎族、仫佬族、鄂伦春族、蒙古族、保安族

故事记忆法：

走在夜路上，心里默念不怕狼（布朗族）了，手里再拿着瓦（佤族）片，走水路（水族）的时候能用上。一路上，景色颇（景颇族）好，就是

有点累,出了一身汗(汉族),于是偷了路边的梨子吃(黎族)。突然,蹦出来一只母老虎(仫佬族),看它的样子饿得都吃润唇膏(鄂伦春族)了。我撒腿跑到蒙古包(蒙古族),门前站着两个保安(保安族)。

6. 门巴族、阿昌族、黎族、畲族、怒族、回族、土家族

故事记忆法:

我说我想借宿,但门把手(门巴族)已经扣死,必须唱歌(阿昌族)自己挣钱,才让进去住。我一直唱到黎明(黎族)时分,听歌的人都赊(畲族)账了,我愤怒(怒族)地回(回族)家,并把他们拿的土也带回了家(土家族)。

具体使用方法

一、串联故事法的方法
第一步,做减法,进行抽象转换。
第二步,做乘法,把关键词变成图像,关键要清晰。
第三步,做加法,把想象的图像进行连接,编故事,关键要夸张、动态、有序。
第四步,定位,把要记的和想象的内容联系在一起。
举个例子:用串联故事法记住下面10个词

假设　支持　反对　评价　自下而上

推理　逻辑　前提　结论　思维变迁

串联故事法具体运用为：

第一步，做乘法，抽象词转换。

（1）假设——假舌（谐音）——假的舌头 或者：假设——彩票（相关）——假设我中了500万

假设——假货（单字联想）——盗版光盘

假设——假+设（拆分联想）——假的设备

假设——假射——（动作）假装射球

（2）支持——稚齿——小牙齿（谐音）

（3）反对——双手摇动（相关）

（4）评价——放苹果的架子（谐音+拆分联想）

（5）自下而上——走楼梯（动作）

（6）推理——推梨（谐音）

（7）逻辑——箩筐（谐音+单字联想）

（8）前提——提钱（谐音+动作）

（9）结论——结轮（谐音）——树上结的不是果实是轮子

（10）思维变迁——思维变钱（谐音）——一人变魔术，思考了一下，头脑中就变出钱来。

第二步，做加法，联想编故事。

一条假舌头舔着稚齿，稚齿咬了一下摇动的双手，摇动双手的人后退，碰到了放苹果的架子。那人继续后退，自下而上走上楼梯，在楼梯尽头推梨，梨滚啊滚，滚到箩筐里。从箩筐里飞出钱来，提钱的人走着，碰到树上结的轮子上，头脑发晕，思考了一下，头脑中就变出钱来。

第三步，在脑中放电影。第一遍沉醉电影，第二遍注意关键词的还原。

第四步，定位。把故事开头的假舌头放在熟悉的东西上进行联想定位，以便下一次要用的时候能回忆起来。方法有：思维导图整理法、定桩法、地点法等。

第五步，用零碎时间回想电影（复习），转化为技能，养成习惯。

二、练习

1. 用串联故事法记忆金属活动性顺序表

金属活动性顺序：钾、钙、钠、镁、铝、锌、铁、锡、铅、（氢）、铜、汞、银、铂、金。

可以记作：加盖那美丽新贴，锡铅统共一百斤。

2. 用串联故事法记忆石蕊试剂的性质

石蕊试剂的性质：石蕊遇酸变红，遇碱变蓝，在中性环境中为紫色。

可以记作：酸红（遇酸变红）石榴（石蕊）捡到篮（遇碱变蓝）子中（中性环境中为紫色）。

3. 用串联故事法记忆碱氧化物的溶水

碱氧化物的溶水有：氧化钙、氧化钾、氧化钠、氧化锂、氧化钡。

可以记作：李娜盖夹被。

4. 用串联故事法记忆词类

词类有：名词、动词、形容词、代词、数词、量词、介词、副词、连词、叹词、助词和拟声词。

可以记作：姐夫诸明亮连声叹，袋鼠行动慢。

5. 用串联故事法记忆实验室制氧步骤

实验室制取氧气的七个步骤为：检查装置气密性，装药品于试管中并塞塞子，将其固定在铁架台上，点燃酒精灯加热，排水法收集氧气，将导管移出水面，熄灭酒精灯。

每一步骤用一个字缩记为：查、装、定、点、收、移、熄，可以谐音记作：制氧步骤一字记，茶庄定点收利息。

6. 用串联故事法记东亚五国名称

东亚五国：中国、朝鲜、韩国、日本、蒙古。

可以记作：终日寒潮猛。

7. 用串联故事法记忆单句类型

单句类型：陈述句、祈使句、疑问句、感叹句。

可以记作：陈怡（疑）岂（祈）敢（感）。

8. 用串联故事法记忆复句类型

复句类型：因果、并列、递进、假设、转折、条件、选择、承接。

可以记作：因病（并）旋（选）转，呈（承）递假条。

9. 用串联故事法记忆汉字造字法

汉字造字法：象形、会意、形声、指事、假借、转注。

可以记作：向（象形）贾（假借）指（指事）挥（会意）行（形声）注（转注）目礼。

10. 用串联故事法记忆汉字演变过程

汉字形体的演变过程：甲骨文—金文—小篆—隶书—楷书—草书—行书。

可以记作：古今小隶盖草房。

11. 用串联故事法记忆文言疑问代词

常用的文言疑问代词：谁、奚、焉、胡、安、何、曷、孰、恶（wū）。

可以记作：谁吸（奚）烟（焉）？何五（恶）叔（孰）和（曷）胡安。

12. 用串联故事法记忆文言文人称代词

文言文中表示人称代词"你"的有：汝、尔、子、君、乃。

可以串联法记作：汝乃君子尔。

13. 用串联故事法记忆"四书五经"

四书：《孟子》《论语》《大学》《中庸》。

五经：《诗》《礼》《春秋》《易》《书》。

"四书五经"可以记作：四叔（书）猛（《孟子》）抢（《论语》）大（《大学》）钟（《中庸》），五经诗（《诗》）里（《礼》）存（《春秋》）遗（《易》）书（《书》）。

14. 用串联故事法记忆"春秋五霸"

春秋时期"春秋五霸"：齐桓公、宋襄公、晋文公、秦穆公、楚庄王。

可以记作：近闻（晋文）齐桓采松香（宋襄），锯断秦木（秦穆）留楚桩（楚庄）。

15. 用串联故事法记忆"战国七雄"

战国时期"战国七雄"：齐、楚、燕、韩、赵、魏、秦。

可以记作：七叔含烟找围巾。

16. 用串联故事法记忆东南亚陆上五国及其首都名称

东南亚十一国中，有五个陆上国家，距中国都比较近，其国名和首都名可记作：绵羊（缅甸仰光）老象（老挝万象）越河（越南河内）前进（柬埔寨金边）太慢（泰国曼谷）。

17. 用串联故事法记忆西亚五大石油国国名

西亚的五大石油国：伊朗、伊拉克、沙特阿拉伯、阿拉伯联合酋长国、科威特。

可以记作：二姨二伯一个科。

18. 用串联故事法记忆中美洲七国国名

中美洲七国：洪都拉斯、伯利兹、巴拿马、哥斯达黎加、危地马拉、尼加拉瓜、萨尔瓦多。

可以记作：红脖八哥喂你啥。

19. 用串联故事法记忆五岳所在省份、四大佛教圣地和四大石窟名称

五岳——东岳泰山、西岳华山、南岳衡山、北岳恒山和中岳嵩山，所在省份分别为：山东（鲁）、陕西（陕）、湖南（湘）、山西（晋）、河南（豫），可以记作：绿伞镶金玉

四大佛教圣地：九华山、五台山、普陀山、峨眉山，可以记作：九五之尊，普照峨眉。

四大石窟：云冈石窟、龙门石窟、麦积山石窟和莫高窟，可以记作：云龙卖馍。

20. 用串联故事法记忆《中英南京条约》的内容

《南京条约》的主要内容是开放宁波等五个通商口岸并割地香港。

可以记作：宁（宁波）上（上海）广州，不（福州）下（厦门）香港

精准记忆——每个人都要掌握的高效记忆法

三、位置记忆法

定义和特点

位置记忆法，又叫空间法、地点法、宫殿法，顾名思义，就是把想要记住的内容放在日常熟悉事物的位置上，方便记忆。比如：身体、车上、办公室或家具抽屉……日常所需的资料、英文单词、数字标签和较为简短的文字资料都可以用这种方法记忆。

使用的时候，将需要记忆的资料放在特定的位置，并加以动感、色彩、空间感觉、夸张、夸大、反逻辑等想象和强烈的感受，就比较容易记住，而且不容易忘记。使用这种方法，可以随时抽取所需要的资料，无论是顺背、倒背，还是抽背，都很容易。

商场里商品总会按照不同的种类分别摆放在不同的位置，只要走到想要购买的商品区域，就能很快地找到自己所要购买的商品。同样，到书店里购书，如果想购买《新华字典》，只要走到工具书类的书架前，就能立即找到。如果商场里的东西杂乱无章地放在一起，书店里的书乱七八糟地摆在一堆，就很难找到了。记忆知识，也要像商场、书店那样将记忆材料陈列在一定的位置，否则就很难提取出来。

使用位置记忆法，就是在头脑中创建一幅熟悉场景，确定一条明确路线，确定一些特定的点。然后将所要记的内容全都视觉化，并按一定的顺序，将路线上的各点联系起来。回忆时，只要按这条路线上的各点，提取所记的专案即可。

举个例子：将下面待处理事项记住

给兽医打电话　修理太阳镜　烤制杯形蛋糕　去见银行经理　买生日礼物

在脑子里把每件待处理事项转化成一幅图像，将其按顺序安插在各记忆桩上。为了记得更清楚，可以充分发挥想象力，加入夸张、幽默、动感等元素，也可以动用五感去听、闻、看、尝、触摸自己想象的场景。当然在这个过程中，也要动用左脑来让想象保持一定的逻辑性，对右脑的天马行空加以平衡。如此就能创建一幅场景，将其固定在你的大脑中，然后转移到下一个记忆桩。

第1个记忆桩——前门
想象自己刚踏进自家前门，突然听到刺耳的电话铃声响起，转身一看，发现猫咪正坐在电话旁，好像要拿起听筒。

第2个记忆桩——门厅
来到门厅，发现妈妈正好刚换了壁纸，新壁纸上画满了太阳镜。

第3个记忆桩——厨房
向左一转，走进厨房，闻到了诱人的杯形蛋糕香味，忍不住流下了口水。妈妈忘了自己正在烤蛋糕，你立刻上前关了烤箱，避免了一场事故。

第4个记忆桩——起居室
走进起居室，你突然发现爸爸竟然在那儿办公，坐在他经常坐的椅子上，桌面上摆满了文件。看到他在忙碌，你就没打扰他，径直走进了盥洗室。

第5个记忆桩——盥洗室

打开盥洗室的门,你发现洗衣机上放着一件巨大的生日礼物,显然是妈妈为了给你制造惊喜而把它藏在了盥洗室。在盥洗室的镜子上,你看到一个巨大的"5",好像是在提醒你——这是第5个记忆桩了。

在使用位置法记忆所需资料的时候,可以根据需要来创造不同的空间。如果记忆的资料比较多,可以创造大一些的空间;如果记忆的资料比较少,可以创造小一点的空间。在确定所有资料的位置后,可以随时随地拿出来复习,当每笔陌生的资料转换为大脑熟悉的资料后,原本的位置空间就能再次循环使用。

具体使用方法

一、具体方法

运用位置记忆法的五个步骤:

1. 选择你的宫殿

首先,要选择一个熟悉的地方。比如你的家。记住,你对这个地方的细节再现越鲜明,越能有效地记忆。

其次,试着在宫殿里确定一条特别路线,而不只是再现静止场景。也就是说,想象对你家做一次详尽巡视,而不只是简单地把家图像化。

对记忆宫殿的选择,还有一些行之有效的推荐以及可以采取的路线,比如:

所在城市的熟悉道路。比如:上学经过的或熟悉的街道顺序。

现在或以前的学校。可以想象从教室到图书馆的道路。

风景。想象在附近一带散步或你在公园里慢跑的路线。

2. 列出明显的特征物

注意所选场所里的明显特征物，如果选择巡视你的家，大门应该是第一个引起注意的特征物。

继续在你的记忆宫殿里做虚拟漫步。进门之后，第一个房间里有什么？系统地分解这个房间，可以确定一个标准程序，比如总是从左看到右。什么是下一个引起注意的特征物？可以是餐厅中间的桌子，或墙上的一张画。

一边走，一边继续在头脑中记录其他特征物。每个都会成为一个"记忆槽"，可以用来储存一个特定的信息。

3. 把宫殿牢牢印在头脑中

要让这个方法有效，最重要的就是要让这个地方或路线百分之百地印在你的头脑中，尽自己所能去记住它。如果你擅长形象思维，这样做起来并不难；如果不是，可以使用以下窍门：

按照路线亲身走一遍，看见明显的特征物时，大声地重复。

在纸上写下选择的特征物，在脑中巡视它们，并大声重复。

从同样的视角观看那些特征物。

形象思维是一种技能，先提高你的形象思维能力。

相信自己已经成功，就再反复几次。

只要自信已将路线深深印在了头脑中，就算准备好了。

你是宫殿的主人，可以好好利用它。

4. 联系

如同大部分的记忆增强方式一样，位置记忆法通常都是通过形象化的联想起作用。过程很简单：选择一个已知的图像，跟你想记住的要素结合起来。对我们来说，一个记忆挂钩就是记忆位置上的一个明显特征物。

形象化联想的正确方式是：疯狂的、滑稽的、讨厌的、不同寻常的、超凡脱俗的、生动的、荒谬的……总之就是容易被记住的东西。要把场景营造得独一无二，记住：乏味就是错。

让思维送你去记忆宫殿，在头脑中看见的第一个特征物是你家的大门。之后用一种滑稽的方法，把"腌肉"和你家大门的样子形象化地结合在一起。比如，想象巨大的腌肉条像僵尸一样从门下涌出来伸向你的腿，去感受"腌肉手"在你腿上的触感，感受那该死的腌肉味。

打开门，沿着已经确定的路线继续走。看到的下一个特征物，把它和要记忆的下一项联系起来。比如下一项是"蛋"，而第二个特征物是"丈母娘的照片"。原则都一样，保持头脑中的画面联想，直到搞定所有要记的内容。

5. 参观你的宫殿

到这一个步骤，你已经记住了那些项目。如果你还是个新手，就还需要做一点复习，至少把行程在头脑中演练一次。从同样的地方开始并遵循同样的路线，每当你看到途中选定的特征物时，要记的东西就会瞬间浮现。路线从出发到结束，要多留意那些特征物，并在脑中重演场景。当你的行程终结，再转过身从反方向走回出发点。

举个例子：

大学毕业后，小李找到一份助理的工作。第一天来上班，经理吩咐他，有几件事要做：

（1）8：30到大厦一层信报箱取信，并派发；

（2）开饮水机、碎纸机、打印机，并给打印机及时加纸；

（3）关注白板，员工请假及外出及时填在白板上，并与人事对接，每月5日之前要做出报表；

（4）签收各类信件、货品等，有些到付需付费，并索要发票，整理好快递单底单与财务对接的每月统计表格；

（5）更新网站信息，及时处理留言，遇到投诉建议，向有关部门及时反映；

（6）与销售部门对接销售表格并做好统计整理，明天早晨发到我的邮箱。

另外，有两个客户早晨会过来，要布置一下会议室；还要订一下酒店住宿；要做一个PPT，内容发给你，下午给我；与行政部门对接一下物品领取的问题，明天要发放到位。

小李的脑袋都大了，怎么办？工作没条理，效率不高，如何让自己不忘记这些工作内容呢？

首先，按顺序寻找身体的几个部位，例如：头发、眼睛、鼻子、嘴巴、脖子、手。

其次，提取每一条信息的关键词，例如：信、开机、白板、签收、网站、表格、会议室、酒店、PPT。

最后，把找出的关键词与找到的身体各部位进行联想记忆，例如：

（1）头发——信。把头发装进信封。

（2）眼睛——开机。睁开眼睛看到很多鸡。

（3）鼻子——白板。鼻子撞在白板上流血了。

（4）嘴巴——签收。用一千只手捂住了嘴巴。

（5）脖子——网站。把围在脖子上的网展开。

（6）手——表格。用手画表格。

（7）肚子——会议室。肚子上盖了一件灰色大衣。

（8）大腿——酒店。一个酒瓶插在血淋淋的大腿上。

（9）脚——PPT。用脚踹别人的屁股。

二、练习

1. 在家中选几个实物，用位置记忆法记住，如：

鞋柜 花瓶 日历 壁橱 衣橱 画框 贴画 电视

卫生纸 卫生筷 拖鞋 盘子 手表 书 花瓶 炊帚

位置定义法记忆：

（1）鞋柜里塞满了卫生纸；

（2）花瓶上插着卫生筷；

（3）日历上面挂着拖鞋；

（4）一打开壁橱，盘子都掉了出来；

（5）衣橱上套着一块大手表；

（6）画框像戴耳环一样吊着两本书；

（7）用贴画包了一个大花瓶；

（8）电视被炊帚打破了。

2.记忆随机数字：5 6 4 8 3 6 4 7 4 9

首先，将数字编码：

5——鱼钩 6——勺子 4——旗子 8——葫芦 3——耳朵 7——拐杖 9——猫

每个数字一一对应，都需要死记硬背，且对应的是图像不是汉字。

其次，这一串数字可以编码为：鱼钩、勺子、旗子、葫芦、耳朵、勺子、旗子、拐杖、旗子、猫。

再次，定桩与联想，桩就是你的记忆宫殿。比如从未刻意记忆过，但仍然记得卧室里的床摆在哪个位置、衣柜在哪里、椅子在哪里、家外面向左走第一家店是什么等，要把这些都排好序。想象自己正坐在床上，第一是床，第二是被子，第三是床边的椅子……再想象自己走出卧室到客厅，第一是电视，第二是空调……再走出家门，第一是什么，第二是什么……反复记忆，反复强化。

最后，将桩与编码联想起来，比如将床与鱼钩和勺子联想，家里的床从中间分开，缓缓升起一个鱼钩；然后鱼钩像导弹一样发射出去，射中空中像直升机一样飞旋的勺子。联想完毕，再联想下一个，被子与旗子葫芦……一直将所有数字与编码联想完。

至此，记忆完毕。当你要将记忆的数字回忆出来的时候，先想象你的记忆宫殿顺序，第一是床，床是跟什么联想在一起的？床分开，露出鱼钩，射向勺子……这幅图立刻就能轻松地回忆起来。然后，鱼钩是5，勺子是6，于是第一、二个数是56；接下来，第二是被子……依次回忆数字。

四、数字定位法

定义和特点

所谓数字定位法就是将需要记住的陌生内容与熟悉的事物定位在一起，简而言之就是利用已有的熟悉的东西去记忆陌生的东西。

数字定位系统是记忆法中应用范围最广的一种记忆系统，几乎可以记忆学习、生活中的所有类型问题，不仅限于数字的记忆。掌握这种方法可以改变生活中丢三落四的不良习惯；可以一次性记忆几十项、上百项内容；可以倒背如流；可以至少记忆圆周率小数点后200位数字；可以按座次记忆《水浒传》中108位梁山好汉的绰号、姓名；可以记住现在世界上的所有国家及其首都名称；可以按先后顺序记住中国历史上历朝历代皇帝的名字……

举例来说，"10"如果用"石头"的"石"来记忆，就是用音转化而来；如果用"十字架"就是由形状转化而来；"23"可以谐音转化为"和尚"的图像；而"麒麟"则可以用来代表"70"。

需要提醒的是，数字编码表中的每一个物品都必须是看得见摸得着的实物，必须有对应的图片。数字编码也没有固定的，可以根据个人的喜好更换，比如12的代码是婴儿，也可以用椅儿来代替。

具体使用方法

数字定位记忆系统以图像记忆法为基础,运用的时候,要秉承图像记忆法的原则:所有图像的联结都要做到有趣、夸张、卡通和情境再现,只有这样,才能记得更牢更快。

练习

记忆1~100数字。

01——小树 02——铃儿 03——凳子 04——轿车 05——手套 06——手枪 07——锄头

08——溜冰鞋 09——猫 10——棒球 11——筷子 12——婴儿 13——医生 14——钥匙

15——鹦鹉 16——石榴 17——仪器 18——腰包 19——衣钩 20——香烟 21——鳄鱼

22——双胞胎 23——和尚 24——闹钟 25——二胡 26——河流 27——耳机 28——恶霸

29——饿囚 30——三轮车 31——鲨鱼 32——扇儿 33——星星 34——三丝 35——山虎

36——山鹿 37——山鸡 38——妇女 39——山丘 40——司令 41——蜥蜴 42——柿儿

43——石山 44——蛇 45——师傅 46——饲料 47——司机 48——石板 49——湿狗

50——奥运五环 51——工人 52——鼓儿 53——乌纱帽 54——

青年　55——火车　56——蜗牛

57——武器　58——尾巴　59——蜈蚣　60——榴梿　61——儿童　62——牛儿　63——流沙

64——螺丝　65——尿壶　66——溜溜球　67——油漆　68——喇叭　69——料酒　70——冰淇淋

71——机翼　72——企鹅　73——花旗参　74——骑士　75——西服　76——汽油　77——机器人

78——青蛙　79——气球　80——巴黎铁塔　81——白蚁　82——靶儿　83——芭蕉扇　84——巴士

85——宝物　86——八路　87——白旗　88——爸爸　89——芭蕉扇　90——酒瓶　91——球衣

92——球儿　93——旧伞　94——首饰　95——救护车　96——旧炉　97——旧旗　98——球拍

99——舅舅　100——人民币

五、定位记忆法

定义和特点

所谓定位记忆法就是在大脑中建立一套固定有序的定位系统，将需要记忆的信息与各定位元素一一对应地结合在一起，快速记忆、储存和提取，将要记忆的知识或信息跟已知事物联结在一起，然后进行记忆。

简而言之就是，把要记的内容先固定在某个已知的位置上，比如：房间、人体、数字、26个英文字母、十二生肖甚至旅游景点等。由此，也产生了相应的定位系统，比如罗马房间定位系统、人体定位系统、数字定位系统、字母定位系统、生肖定位系统、景点定位系统等。只要记住相应的定位系统顺序，把所要记忆的内容运用有趣、夸张、卡通和情境等原则联结在一起即可。

1.罗马房间定位系统

古代罗马人是定位记忆法的鼻祖。他们想象通过房间的入口，用尽可能多的物体塞满房间——通过想象联想，将每件物体和家具与要记忆的事物联结起来。这种记忆方法消除了对想象的限制，能想记多少就记多少。以我的卧室为例，我的卧室房间的顺时针是：门、书柜、衣柜、壁灯、床、床头柜、书桌、台灯、窗户和电风扇。如果要记忆10种东西，就可以把自己要记的内容与卧室的这10个位置进行联结。当然，除了卧室外，还能有很多地方，比如客厅、厨房、厕所、想象的房间等。

使用这种方法需要注意两个基本原则：①寻找房间的定位系统时，必须按照顺时针方向定位；②记忆时必须按照顺时针的方向进行联结。千万不要找一些容易移动，或过于平面、光滑的东西来做定位，最好找一些固定的体积较大的东西。

举个例子：有50种不同的东西，分别是：筷子、拖鞋、扫帚、老虎、帆船、围巾、地图、指甲、雨伞、领带、圣经、刘德华、香蕉、空调、自行车、飞机、玉米、埃菲尔铁塔、眼镜、苹果、玫瑰花、金字塔、红绿灯、轮船、花瓶、手表、皮带、书、碗、铅笔、纽约、电脑、篮球、袋鼠、鹦鹉、杨柳、篮子、猪、安全帽、白雪公主、鳄鱼、泥鳅、矿泉水、内裤、热水袋、台灯、酥饼、剃须刀、光盘、巧克力。运用图像的四个原则：有趣、夸张、卡通和情境。15分钟后，就能将所有的东西都记下来。

2. 人体定位系统

人体定位系统与罗马房间定位系统的方法类似，只不过是在身体上寻找固定的位置。关于人体的定位法共有三种：

第一种，人体定位系统。以头部做定位系统，可以在头上找出六个固定位置：1.头发；2.眉毛；3.眼睛；4.耳朵；5.鼻子；6.嘴巴。用它来进行少量的事物的记忆。

第二种，人体定位系统。自上而下在身上寻找10个位置做定位，分别是：1.头发；2.眼睛；3.鼻子；4.嘴；5.脖子；6.前胸；7.后背；8.手；9.腿；10.脚。

第三种，人体定位系统。首先，从身体自下而上寻找20个位置做定位系统，可以站起来触摸自己的这20个位置。下肢的7个位置是：1.左脚背；2.右脚背；3.左膝盖；4.右膝盖；5.左大腿；6.右大腿；7.臀部。接着是三条线：第一条线是8.左手肘、9.肚脐、10.右手肘；第二条线是11.左腋下、12.胸膛、13.右腋下；第三条线是14.左肩膀和15.右肩膀。接下来是头部的5个：16.耳朵；17.嘴唇；18.鼻子；19.眼睛；20.头顶。

只要记住几个身体重点部位及代号，比如7是臀部、9是肚脐、12是胸膛、17是嘴唇，就能知道这些代号的前后代表哪些身体部位。

3.字母定位系统

字母定位系统就是把26个英文字母作为定位系统，可以把需要记忆的内容跟a—z各个字母进行对应联结，之后进行联想，比如：a可以联想为apple，中文就是"苹果"，如此就可以用苹果来代表a。

运用字母定位系统的前提是，记清楚26个字母相对应的单词和图像。下面是具体的对应关系：

a——apple——苹果　　b——bee——蜜蜂　　c——cat——猫
d——dog——狗　　　　e——egg——鸡蛋　　f——fish——鱼
g——gate——门　　　　h——horse——马　　i——ice——冰块
j——jeep——吉普车　　k——key——钥匙　　l——lock——锁
m——moon——月亮　　n——nurse——护士　　o——orange——橙子
p——pig——猪　　　　q——queen——女王　　r——rabbit——兔子
s——snake——蛇　　　t——tiger——老虎　　u——UFO——不明飞行物
v——venus——维纳斯　w——watch——手表　　x——ray——X光、X射线
y——young——年轻人　z——zoo——动物园

可以对这26个字母进行以下联想：

从苹果里飞出一只蜜蜂，蜜蜂扎了猫一下，猫跳起来咬了狗一口，狗一屁股坐到一堆鸡蛋上，从鸡蛋里面游出了一条鱼，鱼飞出去，把门撞倒了，门倒下来，压到了一匹马，马受惊后把脚底下的一块冰猛踢出去，冰块撞翻了一辆吉普车，车上装满了钥匙和锁，这些锁本来是用来锁住月亮的，在月亮上有一个护士在吃橙子，她把吃剩下的橙子喂给猪吃，结果猪就变成了一个女王，女王怀里抱着一只小白兔，小白兔变成了一条蛇，猛扑出去，把老虎咬了一口，老虎吓得立刻跳上了一个UFO，从UFO里掉出了一个维纳斯像，这个维纳斯像手上戴着一只非常漂亮的手表，从这只

手表里射出一束 X 射线,这束射线打在一个年轻人身上,把他打到动物园里变成了动物。

联想几遍,记住这个故事,如果看到字母一时想不起对应的图像,想一下这个故事,就能把对应的图像找出来。

具体使用方法

一、具体方法

用定位法引导记忆通常要经过六个步骤:

第一步:浑身放松,坐在一张舒适的椅子里,紧闭双眼,呼吸平稳而缓慢,与自己建立一种关系,如同你既是学生又是老师。

第二步:回忆曾令你感到幸福、被接受、成功、胜利和快乐的情景或经历,细细品味。比如:你在学习中搞明白一个问题、获得奇妙的洞察力、受到老师的表扬、取得某种令人快乐的突破。

第三步:集中注意力回想这个经历,尽量再现整个经过,想象所有细节。回想你的身体曾处于什么状态,重新"进入"那种状态。一定要把对此情此景的描述在心里想一遍,如同一切都正在发生。

第四步:真正感觉身临其境,回到这快乐的经历当中时,触摸耳垂或手腕 5 秒钟。当你再次触摸它时,就能唤起同样愉快的记忆,至少能唤起愉快感。

第五步:等上 10 分钟,然后再摸一下。你又经历了记忆中的那种感觉吗?可以有意识地把它当作触发器来产生一种适合学习的积极心理与情感状态。能转到这种积极的心理且情绪高昂,就适合学习。

第六步:遵循上述描写的步骤,在右手的第一个指关节上固定对考试的焦急感；在第二个关节上固定在压力面前的平静感；然后用第三个关节定下决心、安逸与成功感。等上10分钟，然后检验这种定位法。

二、练习

用人体定位系统记住下面这个购物清单。

1. 纸巾 2. 拖鞋 3. 腊肠 4. 红鱼 5. 电饭锅
6. 毛巾 7. 啤酒 8. 词典 9. 钢笔 10. 熨斗

方法：

第一个定位是脚底，需要记忆的内容是纸巾，闭上眼睛想象：臭的脚底粘着很多香香的纸巾，一踩上去软绵绵的，像棉花一样，非常舒服。

第二个定位是膝盖，用膝盖像踢毽子一样踢拖鞋，飞上去，掉下来，砸在膝盖上；膝盖再用力，拖鞋又飞到空中，再掉下来，砸在膝盖上……这样就能记住需要购买拖鞋。

第三个定位是皮带，将皮带变成腊肠，一根很大的、红色的、摸起来硬硬的腊肠。那我们就记住了需要购买的第三个物品：腊肠。

第四个定位是左手，伸出左手，抓住一大把红鱼，如果不知道什么是红鱼，只要颜色是红色的即可。

第五个定位是右手，要跟电饭锅联系在一起，在右手上用电饭锅煮饭。

第六个定位是喉咙，要记住的是毛巾。开运动会时有些人会在额头上绑个毛巾，可是你却将毛巾绑在了喉咙上。

第七个定位是嘴巴，张开嘴巴，做个深呼吸，感受啤酒入口的舒爽感。

第八个定位是鼻子，要记住的物品是词典。这本词典放在鼻子上，闻到了词典发出的书本特有的香味。

第九个定位是眼睛，睁大眼睛，一支钢笔迎面飞来，快要飞进你的眼睛里了，危险！

第十个定位是头顶，理发师傅正在用熨斗帮你理发，吱吱的，如果头发一条条变得很直，还烧焦了。这时候就闭上眼睛，回想一下身体的各个部位分别放着什么？首先是脚底，踩着柔软的纸巾；第二个，膝盖上上下跳动的是拖鞋；然后是皮带，绑着红鱼……

回想一遍后，在下面按照顺序写下答案：

1、2、3、4、5、

6、7、8、9、10

用 1~10 号定位词记忆 10 个词语。

衣　　耳　　山　　的士　　虎
鹿　　棋　　靶　　地球　　医院

定位记忆法：

序号	定位词	词语	记忆方法
1	衣	大象	大象穿着漂亮的衣服
2	耳	酒精灯	耳朵放在酒精灯上烤
3	山	轮船	轮船在山上行驶
4	的士	鲜花	的士上开满鲜花
5	虎	溜溜球	老虎玩溜溜球
6	鹿	自行车	鹿骑自行车
7	棋	饼干	把棋当饼干吃
8	靶	毒蛇	靶上缠绕着毒蛇
9	地球	刷牙	地球在刷牙
10	医院	足球	在医院里踢足球

精准记忆——每个人都要掌握的高效记忆法

六、自测记忆法

定义和特点

所谓自测记忆法就是通过自己测验自己的方式来检查记忆结果，提高记忆效率。

自测记忆法共分为两种，一种是定期测试，另一种是随时测试。分述如下：

1. 定期测试

定期测试就是对自己所学的课程、知识制订一个自测计划，按时执行。

从时间上可以分为当日测和周日测。①当日测。晚上睡觉前，把当天学过的知识，选择要点复述一下。如果条件不允许，就默写提纲或干脆默想。②周日测。星期天休息的时候，可以将一周所学的课程内容换个角度提出问题，写在一张纸上测验自己，发现疑难或模糊之处，立刻解决，决不拖延。

从课程安排上可以分为单元测和全书测。①单元测。学完一个单元后，自测该单元的主要内容，看看自己学完后有什么收获，及时消化，巩固记忆。②全书测。学完一本书后，可以翻开目录，逐次回忆内容。有了单元测的基础，全书测做起来就会很容易。如果时间不允许，可以挑主要内容进行。

2. 随时测试

随时测试。这种方法简单实用，比如英语的测试，只要提前准备一些卡片，正面写上外语单词，背面写上相应的汉语解释，揣在兜里，就能随时自测了。

自测的方法有两种：一是朗读法。在不妨碍别人的情况下，可以看着英语读汉语，也可以看着汉语读英语，实在想不出时，可以翻过来看一看，再确认一下。如果所在场所不允许朗读，可以默读。不带卡片时，也可以随时自测。具体方法是：看到任何事物，都可以试着用英语表达出来，或在头脑里读一下。二是书写法。离开了书写，英语就无法记牢。测试的时候，可以看着卡片上的汉字写出相应的英语单词。

具体使用方法

从自测的方式上，可以采用5种方法：

（1）尝试回忆。又叫作"过电影"。指的是在头脑中把学过的知识回想一遍，犹如头脑里有台电视机，一幕幕情景缓缓而出，逼着自己认真动脑筋思考和回忆。在阅读和朗读到一定程度后，可以合上书本试着默默地回忆，如果能够流畅地回忆出书本内容，就说明掌握得较好；如果有模糊之处，就要跟原文进行核对。

（2）取长补短。对所学知识进行争论。探讨或与其他同学交谈，跟同学做对比，了解自己究竟掌握到何种程度，还有哪些薄弱环节。出现不足要及时纠正；正确的地方要坚持。这样做不但可以扩大视野，集思广益，还有利于记忆。

（3）设问自答。经常向自己提问题，比如：老师将出哪些题目考学生？老师希望学生掌握哪些要点？进行自测，设问是重要的一环，必须琢磨设问的形式、角度和要求，并作出全面的、准确的回答，既可以是默不出声的，在头脑里"设问"和"自答"，也可以朗读出来，抑或用纸笔进行。

（4）对人试讲。熟练地掌握了知识后，可以用自己的话表述出来。在讲的同时，也对自己的知识系统进行了整理，还能加深对所学知识的理解，并加深记忆。

（5）实践检验。在实际生活中，对经常运用的知识记忆一般都很深刻。从神经生理机制来看，知识运用越频繁，大脑皮层留下的痕迹越深刻，暂时神经联系也就越巩固。运用的次数多了，记忆的抽象信息符号与对应的实践活动之间就会产生条件反射，记忆信息便会很容易地被提取出来。

七、交替记忆法

定义和特点

所谓交替记忆法就是将差别性的识记材料按时间分配，交替进行记忆。实验证明，长时间单纯地识记一门学科效果并不好。因为具有相同性质的材料刺激脑神经过于单调，时间一长，大脑相应区域很容易负担过重而疲劳。这时就会出现头晕、注意力不集中等现象。为了避免这种现象的发生，一般学习一个小时左右后，最好放松几分钟，站起来走走，到室外转转，或换另一种性质的学习材料。如此才能消除抑制，提高大脑工作效率。

为了降低这种抑制，可以将不同材料的识记交叉起来进行，缩短连续识记同一种材料的时间，使前后识记的材料较少相似性。研究表明，内容的相似性越大，相互间的干扰也就越大。即使材料不同，也存在一定的干扰。

心理学研究发现，在记忆进程中，先记住的事物对后记忆的事物有一定的按捺作用，叫前摄抑制；后记住的事物对先记住的事物也有按捺作用，叫倒摄抑制。例如记忆的序列为：A、B、C、D、E、F。这里开头 A 和结尾 F 只受单向按捺，中间部分 B、C、D、E 则受双向按捺，越是中间的部分，遭到的按捺越猛烈。为了降低这类按捺，可以将记忆的序列打断，插入非记忆运动，比如：开头和结尾增多，中间部分削减，按捺就大大减弱了。

有人做过一个实验：对某一长篇材料，一天要读 68 遍才能背诵。但是每天读几段，三天内只需读 38 遍，也能背出。因此背诵长课文最好的方法是阶段温习，与其集中时间打突击，不如分而治之，每天背一点。也就是说，把差别学科的学习交替进行，防止过量地接纳单一刺激，这样能够进一步提高记忆效果。

具体使用方法

一、具体方法

如何使用交替记忆法呢？

（1）把重要的事情放在开头和结尾。

（2）记忆大篇材料，可以分段记忆，每段都是有开头和结尾，人为地制造了增进记忆条件。

（3）一次记忆若干名词或大题，可以改变其次序，每记一次就换一个开头和结尾，平均分配复习时间。

（4）合理地组织识记材料，尽量使前后相邻的学习内容截然不同，防止抑制作用。例如，刚学完历史，就不要学语文或政治，以减少材料之间的影响。

（5）合理安排时间。早晨起来，不受前摄抑制的影响，晚上学习过后就睡觉，不受倒摄抑制的影响，这是两个记忆的"黄金时间"，不能错过，可以在这段时间记忆难度较大的材料。长时间学习需要中间休息，时间最好是 10~15 分钟，这样又能增加开头和结尾的次数。

二、注意事项

使用交替记忆法，要注意以下 3 个方面：

（1）时间要有间隔。在校学习，每上完一节课就到室外做做游戏，呼吸些新鲜空气。在家学习，隔一小时左右就应该休息一会儿。如此不仅可以解除大脑疲劳，还能巩固已经学过的知识。

（2）材料要有穿插。大脑皮层的脑细胞是有分工的，例如记理科知识和记外语单词在大脑皮层上的"兴奋域"就不相同。因此要适时变换学习材料，例如可以间隔安排历史和语文或者是数学和化学交替学习。

（3）抓紧体育锻炼。交替的最佳方法就是适时进行体育锻炼。大脑工作时，需要消耗大量的养料和氧气，长时间思考后，全身的血液循环会减慢，流经大脑的血液会减少，记忆效果会下降。这时进行大幅度的体育活动，比如跳绳、打拳、跑步等，就会加快全身的血液循环，恢复充沛精力。平时，也要注意上好体育课，坚持体育锻炼，提高身体素质，打下提高记忆效率的生理基础。

三、练习

交叉记忆学英语

如果想快速记忆英语，在背英语单词的中间还能看看英语电影或放放英文歌曲，不要让学习内容太过单一。

（1）读、思、练习等不同学习方式要交替使用，口、眼、手、脑协同动作。时而背诵，时而回忆，时而运算，时而改错，时而争论，时而抄写。当然，眼、耳、口、手、脑协同记忆效果最好。

（2）内储记忆与外储记忆交替。内储记忆主要是以大脑为仓库，外储记忆是利用资料和工具书，通过做卡片、剪贴、摘抄等方式记忆，比如卡片记忆法、图表记忆法、归纳记忆法等。

（3）经常回忆。实验证明，记忆与回忆交替是提高记忆效果的有效方法。

八、争论记忆法

定义和特点

所谓争论记忆法就是同别人对识记材料进行争论探讨来强化记忆的方法。争论的时候，双方都处于高度紧张状态，一方面全神贯注地听取对方的意见，另一方面分析其中的正误，同时还要积极思维，评论对方的见解，阐述自己的观点。这种情况下信息输入大脑，才容易留下较深刻的印象。

争论有助于检查记忆的准确性，通过争论，能够将错误暴露出来，及时纠正，这样就能形成正确记忆。而记忆正确的知识，也能得到检验和应用，并得到巩固和强化。

此外，争论还能使双方开阔视野，拓宽思路，互相受到启发。争论中，注意力高度集中，无论是听到一个新观点，还是发现一个新论据；无论是自己被驳得体无完肤，还是让对方佩服得五体投地，都是一种强刺激，都能留下深刻的印象，继而强化记忆。

具体使用方法

一、使用方法

怎样运用争论记忆的方法呢?

（1）先记忆，后争论。无论是记忆整体知识，还是看书记重点，都需要提前对材料进行记忆，之后再争论。没识记材料就开始争论，不利于记忆效果的提升。

（2）选好争论方式。或逐一进行，讲完或背出一个便争论一次；或分项进行，先逐个背诵、讲述，后进行争论；或展开记忆比赛，限时背诵或讲完，再进行争论；或互相测试，争论补充……个人可以按照自己的习惯选择不同的争论记忆方式。

（3）围绕中心，探讨评论，不抬杠、不争吵、不嘲讽、不说风凉话。

二、注意事项

运用争论记忆法应该注意以下几点：

（1）动机要正确。进行争论的目的是辨明知识的准确性，加深理解和记忆，而不是为了斗高低、出风头，更不能逞强好胜，中伤对方。

（2）态度要端正。争论的时候要保持善意的、平等的态度，不钻牛角尖。既要允许对方有错误见解，也要承认自己的不当之处。对别人的谬误要善意指正，对自己的错处要勇于改过，决不能固执己见。

（3）方法要合适。争论中，不要跑题，如果离题太远，就很难得出正确的结论。要独立思考，不能人云亦云，更不能不懂装懂。

九、理解记忆法

定义和特点

心理学认为，理解是通过利用现有的知识在事物与事物之间建立起一种逻辑联系。阅读比较容易的内容时，理解仅表现为感知，也就是说一下子想到从前所掌握的知识，或立刻从现有的知识中抓住所需要的东西并把它同新印象结合在一起。但是在阅读和学习不熟悉的、不易理解的知识时，就要利用知识建立新的逻辑联系。

理解记忆法是以对学习内容的理解为前提的。这种理解，并不是指一般的弄懂了，而是指掌握了学习内容，特别是各部分之间的逻辑关系以及它与以前的知识经验之间的联系。

使用这种记忆法，理解是关键，是记忆的基础。要加强理解，就要对记忆的内容进行分析和判断。掌握它们内在的逻辑和层次关系，抓住表现内容实质的关键处。

理解记忆法的基本特征有：

（1）与积极的思维活动相结合。通过分析、综合、比较、归类和系统化等思维活动，把握记忆材料的含义、范围和结构层次，掌握其本质与非本质特征以及事物间的联系，加强对意义的理解和对整体结构的把握。在记忆各种材料时，还应该通过思维活动，从不同角度和层次上去理解材料的意义，增加多种联系和多维度思考，使材料意义更加深刻全面，并纳入认知结构系统，形成长时记忆。

（2）运用已有的知识经验。利用已有知识，进行新旧知识的联系与对比，找出相同与相异之处，使新材料融入已有知识体系，或丰富扩展已有知识体系。学习新知识时，联系已有知识是理解记忆法的重要一环，个人已有的知识经验越丰富，结构越正确，越有助于记忆力的提高。

（3）灵活运用各种记忆策略。针对记忆材料的不同性质、数量和范围，以及不同学习情境和个人情况，分别采取恰当的策略和方法，能加深理解，增强记忆。

（4）复述程度能表明理解水平。用自己的言语解释或复述新知识，能增强理解，可以全面、精确、牢固、迅速地提高记忆效果。

具体使用方法

理解记忆法的运用步骤是：

（1）了解大意。记忆某个知识时，首先要搞明白大致内容。拿读书来说，先要通读或浏览一遍。如果是记忆课文，先要完整地读一遍，因为只有了解了全貌才能对局部进行深刻的理解。

（2）局部分析。对事物有了大致了解后，要逐步深入分析。比如一篇论文，要弄清它的论点论据，根据结构分成若干段落，逐个找出主要意思，也就是要找出"信息点"，再加以分析和思考，达到编制文章纲要的程度。

（3）寻找关键。找到要点、关键和难点并弄明白，然后牢牢记住。只有在此基础上，才能理解和记住其他比较次要或从属的内容。

（4）融会贯通。将所理解和记住的各种局部内容，联系起来反复思考，全面理解，这样更有利于加深记忆。

（5）实践运用。所学的知识是否真正理解了，还要看在实践中能否成功运用。如果应用到实际工作中就"卡壳"，就说明并没有真正理解。真正的理解是有具体标准的：一是能用语言和文字解释，二是会实际运用。在实际运用过程中，会继续深化理解。

精准记忆——每个人都要掌握的高效记忆法

十、尝试回忆法

定义和特点

感知过的事物不在眼前，但能独立地再现出来的过程，就叫作回忆。尝试回忆法就是在背诵和记忆过程中，不断地自己考自己。考的方法有很多种，主要有自己复述、自己默写等。例如记忆外语单词时，可以背默英语单词，也可以看着英语默写中文，或者看着中文口读英文。背诵课文时，可以尝试自己背，背得不正确，看一遍再记一遍。对学习过的识记知识，要及时进行回忆。

使用这种方法记忆，一则可以及时了解在学习中的记忆情况，每次尝试回忆后，就会知道自己记住了什么，还有什么没记住，进一步阅读时便可有重点、有选择地记忆。二则可以激发人的学习积极性。进行尝试回忆，目的是逐字逐句地再现读物，促使自己逐字逐句地读，把目标对准那些尚未记住的材料。

记忆的时候，闷着头一遍又一遍地读，枯燥无味，无法使大脑皮层处于兴奋状态。如此必然会降低记忆效果。尝试回忆虽然比照本宣科费力，特别是在回想不起来的时候，但是大脑皮层的神经细胞一直处于兴奋状态，也就容易记住所读的材料。

反复看过要记忆的材料后，试着不看材料，背诵一遍（或回忆一遍）；遇到困难再看材料。例如记忆英语单词时，可以看着英文默写中文，也可以看着中文默写英文，然后对照答案，把不对的更正后，再背诵一遍。又如背诵课文的时候，可以在熟记之后，尝试回忆一下，背不下去时，再看，再记。又如在识记比较复杂的数学定理时，在理解的基础上熟记后，也可以尝试用相关习题演练几遍，解题时求证不下去了再去看看书上的定理，再记一遍。

为什么利用反馈效应的尝试记忆法能够提高记忆效率呢？因为反馈提高了记忆的自觉性和主动性。一篇材料识记几遍后，有的部分已经记住，有的部分还没记住或者记错了，反馈信息就可以告诉你哪部分已经记住、哪部分还需加工，以此来帮助你了解记忆的进度和难点，然后就可以针对难记的部分集中力量攻下来。

反馈可以增强对记忆的自信心，给识记增添力量。对一篇较难的材料或较长的材料诵读几遍后，发现已经记住了大部分，就会极大地激发学习兴趣，感受成功的喜悦，充满信心地去完成余下的记忆任务。如果识记几遍后，发现自己还没有记住，心中烦躁起来，这时候最好先控制情绪，使自己心平气和，相信自己的记忆能力。

反馈在一定的程度上可以消除疲劳，维持注意力的集中。闷着头一遍一遍地读，时间长了，注意力容易分散。在记忆的过程中，时不时有关于记忆的信息反馈给你，就会消除一些疲劳，或使疲劳延缓产生，同时又能使注意力不断地集中在识记上。

具体使用方法

尝试回忆记忆法，是在实践中被广泛采用的一种行之有效的记忆方法。在学习或复习中采用这种记忆方法，可以选择以下几种方式：

（1）识记的材料如果比较短，在理解了内容的前提下，可以读上一两遍，之后开始尝试回忆。回忆一遍后，再打开书着重看没有记住或记得不准的内容，然后再尝试回忆。如此周而复始，直至全部记住。

（2）如果识记的内容稍长，在尝试回忆之前，不但要对内容有所理解，还要对材料的结构有所了解。如此，稍微记住部分材料后，就能尝试回忆。尝试回忆时，要根据自己的习惯，或回忆一遍之后再看书，或在回忆"卡壳"时随时看书，然后接着回忆。

（3）如果识记的材料较长，不仅要理解内容、把握结构，还要把材料化整为零，分成几部分尝试回忆。识记材料时一般都是开头部分和结尾部分记得比较清晰，中间部分容易出错。因此，识记较长的材料，要分成几部分来记。

总之，尝试回忆记忆法，是对一段知识进行记忆，然后自觉地进行回想，这是一种非常有效的再学习，适用于所有的学习者。

十一、形象记忆法

定义和特点

形象记忆法就是将所有需要记忆的事物，尤其是抽象难记的事物形象化，用直观形象的方式去记忆。

美国学者哈拉里这样强调形象的重要性，他说："千言万语不及一张图。"心理学的实验也证明：记忆形象的物体比记忆抽象的名词概念效果要好，而且形象越生动，记忆效果越好。

形象感知是记忆的根本，形象记忆法就是通过对信息和一些具体形象之间的联想，帮助人们记忆信息，是形象联想原则的实际应用，能够核实人们要记住的每件事物。

形象记忆主要针对的是抽象的记忆材料和事物，当然用形象记忆的方法记忆抽象信息，还有一个重要的前提是把抽象的信息形象化。所谓形象化就是将记忆材料和事物同能够看到的图像联系起来，把复杂的记忆材料和事物转化成图片或图表等形式。

形象记忆，要重视以下3个方面，以学生课本为例：

（1）对各科课本中的图像，不仅要高度重视，还要充分利用，把记忆巩固在图像上是最可靠的。凡与图像有关的知识一定要结合图像记忆。学习时，可以看着图像或心里想着图像，复述课文的有关内容要点。中学地理教材中有约700幅插图，如政区图、地形图、水系图、气候图、资源图等，每幅图基本上都能说明一个地理问题，图文对照复习非常方便。把这些图都装在心里，也就掌握了地理基础知识，走进考场时，心中也就不慌了，可以对涉及图的试题"见景生情"、触类旁通。数学、物理、化学、生物等学科，也有相当数量的图像，直观形象地揭示了概念、公式、定理和法则的意义。记住这些图像，可以更深刻地理解，更灵活地运用相应的知识。

（2）在应考复习中，不仅要记忆有关的基础知识，而且要记典型的例题和习题。这样做并不是猜题押宝，而是为考试准备一些半成品，使临场答卷更为顺利。记忆数学、物理、化学、生物、地理等学科的典型题，凡是与图像有关的，可以画出示意图的，都要通过记图来记题，能起到事半功倍的效果。

（3）在识记知识的过程中，遇到与自己的经验和体验有关的，可以唤起形象记忆或引发形象联想的内容，就可以有意识地强化所记知识与这些形象的联系。比如复习中国历史，就要动员出自己平时的历史知识积累，如看过的电影、电视、历史小说、古典诗词，参观过的名胜古迹、博物馆等。形象记忆对于复习语文也大有好处，比如默写《沁园春·长沙》中的一些词句，如果背诵这首词的时候，能够通过想象在眼前浮现出完整意境的画面，对词意的理解就会更为深刻透彻，记忆也会又快又牢。再如英语单词。如look是"看"的意思，看要用眼睛，而这个单词中间的两个"o"，正像两只眼睛，这样，写单词的时候，就不会少写"o"了。

具体使用方法

在记忆时,应尽量采用直观形象的方式,使那些深奥抽象的知识形象化起来。具体方法有如下几种:

1. 形象模型

就是用图形、标本、模型等工具使事物具体化,进而帮助记忆。有人总结了一套形象模型的记忆方法,具体是这样的:

(1)物体形象法。地图中,甘肃像金鱼眼,青海像兔子,湖南像人头,湖北像大盖帽盖在人头上。

(2)图形形象法。在世界地图中,欧洲像平行四边形,亚洲像不规则的菱形,非洲像三角形和半圆形,大洋洲像五边形,南美洲和北美洲都像直角三角形,格陵兰像小三角形。

(3)数字形象法。在世界地图中,多哥像"1",越南像"3",朝鲜像"5",索马里像"7",日本九州像"9"。

(4)字母形象法。在世界地图中,黑海像"F",波罗的海像"K",特立尼达岛像"J"。

(5)汉字形象法。在世界地图中,白海像"七",苏拉威西岛像"斤"。

(6)综合形象法。比如中国由一个瓦片形、一个扇形和一个长方形组合而成,山东省由一个五边形加一个梯形组成。

2. 巧用"模特"

可以人为地把某些难记的事物巧妙地利用模特来加以记忆。比如为了记住石蕊试纸颜色的变化情况,可以将石蕊试纸看作一个苹果,想象它在尚未成熟时呈青色(以青色代表蓝色),成熟后是红色,就容易记了。

3. 形象比喻

用自己熟悉的事物来比喻要记忆的事物,使之生动直观,进而在头脑中留下具体完整的形象,便于记忆。

比如,核外电子的排布规律是能量低的电子通常在离核较近的地方出现,能量高的电子通常在离核较远的地方出现。这个问题是比较抽象的,不能一下子就理解。可以打个比喻:把地球比作原子核,把力量大的大雁、老鹰等鸟比作能量高的电子,把力量小的麻雀、小燕子等鸟比作能量低的电子。力量大的鸟常在离地面很远的天空飞,力量小的鸟常在离地面很近的地方飞。如此记忆既有趣,又好记。

4. 形象描述

把抽象的材料用形象化的语言来阐述,深入浅出,记忆起来会快很多。

比如,作家秦牧记忆马克思诞辰采用了编故事的方法:"马克思是资产阶级的掘墓人,他一巴掌一巴掌打得资产阶级呜呜地哭。"于是就把马克思诞辰是"1818年5月5日"记住了,而且这样也不容易忘记。

十二、绘图记忆法

定义和特点

绘图记忆法的核心是想象,运用想象力,把需要记忆的资料转化为生动的图像、动画,就能够把右脑原本所拥有的过目不忘的记忆力发挥出来。

原则上来说,把记忆资料转化为图像,只要运用大脑来进行想象就行了,不必动手也不必动口。然而对于初学者来说,为了更好地养成主动想象的习惯,还需要动动手画图。

写写画画,是不错的记忆方法,许多天才在学习的时候都有着动笔写写画画的习惯。

具体使用方法

一、具体方法

绘图记忆法的四个步骤如下。

第一步:把需要记忆的资料(例如诗词文章等)阅读几遍,对记忆资料有个大概的理解。

第二步:根据需要记忆的重点,找出关键词,把关键词画成自己能够理解的图。

第三步：根据所画的图，联系文章的内容，进行动态化想象。运用想象力，把静态的图转化成为动态的画面。只有生动活泼的动画，才能达到持久记忆的目的。

第四步：根据自己所画的图，尝试着闭目回忆原文，看是否能把原文的重点回忆出来。然后再慢慢地扩展到全文的回忆。

基本上记下来后，就可以进行闭目学习了。首先，闭上眼睛，让所画的图在大脑屏幕中浮现；其次，根据图像记忆的需要来加入动作，让整个画面变得生动活泼；最后，根据想象的画面，把原文的文字回忆出来，尽可能地让这些文字也浮现在大脑屏幕中。

通过这些步骤，抽象冰冷的文字就会变成生动活泼的图像，在大脑中保存下来，遗忘的速度就能大大降低。养成写写画画的习惯，想象力就会慢慢达到炉火纯青的境界，学习能力、创造能力自然也会逐渐提高。

二、练习

用绘图记忆法记忆下面词语

自行车、奖杯、火炬、帆船、大象
长颈鹿、乌龟、钢琴、螃蟹、电吹风
树叶、蝴蝶、恐龙、溜冰鞋、沙发、鳄鱼

用绘图记忆法，可以这样去记：

第一步：图像转化。把看到的文字、数字、英文单词等材料，统统转化为形象具体的图像来进行记忆。例如：自行车、奖杯、火炬。

第二步：图像联结。把原本相互独立的各个图像，运用想象让它们互动、联结在一起。越夸张、越有趣、越动态的情节，记得越清楚。比如，自行车和奖杯可以联想成骑自行车比赛获得了奖杯；奖杯和火炬直接可以联想成奖杯里面装着一个火炬。

第三步：图像整理。把原本杂乱无章的图像按照一定的顺序或一定的逻辑整理成为一连串比较好记忆的画面：

我去参加自行车比赛获得了冠军，得到了一个奖杯，奖杯里面有一个火炬，我拿着火炬把帆船给烧着了，这时来了一头大象用鼻子吸水来救火，长颈鹿也来帮忙，结果大象跟长颈鹿打起来了。大象用长长的鼻子把长颈鹿卷起来扔到空中，长颈鹿掉下来之后压扁了一个乌龟，这只乌龟爬到钢琴上去弹钢琴，优美的旋律吸引了一只螃蟹，螃蟹拿起一个电吹风跳舞助兴，电吹风把树上的树叶都纷纷吹了下来，一只又红又大的蝴蝶飞到了树叶上，这时来了一只恐龙把蝴蝶吃掉了，恐龙吃掉蝴蝶之后就穿上溜冰鞋到沙发上溜冰，结果把沙发底下的一只鳄鱼压扁了。

只要闭上眼睛回想一下刚才的16个词语，就能全部复述出来，而且记忆非常深刻。

十三、谐音记忆法

定义和特点

所谓谐音记忆法就是通过读音的相近或相同把所记内容与已经掌握的内容联系起来记忆。对于难记忆的知识利用谐音联想记忆，便于想象，能极大地调动自己的积极性和兴趣，达到"记中乐，乐中记"的记忆效果。

许多学习材料很难记忆，在它们之间无法找出有意义的联系，例如历史年代、统计数字等。如果对这些学习材料利用谐音添加某种外部联系，就便于储存，易于回忆。

谐音记忆可以广泛地应用在每个学科，可谓事半功倍。举个例子，使用谐音记忆法记住历史上的几个事件。

（1）唐朝建立的时间是618年，可以记作：唐朝建立时，每人留了一把糖。

（2）皖南事变的时间是1941年，可以记作：皖南事变时，新四军伤亡惨重，"医救"只能在石椅上进行。

（3）马克思出生于1818年，可以记作：马克思出生时，自己一爬一爬就出来了。

（4）屈原投江于公元前278年，可以记作：屈原绝望了，大叫一声，儿去吧。

（5）明朝建立于1368年，可以记作：明朝建立时，朱元璋叹了口气，一山的牛蛙。

（6）《马关条约》签订于1895年，可以记作：马关条约签订后，清政府气得只知道一扒就捂。

（7）安史之乱发生在755年，可以记作：安史之乱后，皇帝气鼓鼓的。

（8）印度民族大起义发生于1857年，可以记作：印度民族大起义时，每人拿着一把武器。

（9）东晋建立于317年，可以记作：东晋建立时，三个百姓一起反对。

（10）重庆谈判是在1945年，可以记作：重庆谈判时，依旧是吾做警戒。

具体使用方法

一、具体方法

1. 用谐音来记忆数字

例如：

0：零、凌、玲、羚、龄、拎、菱、陵

1：依、衣、医、佚、益、邑、夷、姨

2：儿、而、尔、饵、洱

3：山、杉、衫、散、删、珊、扇、煽

4：似、饲、嗣、司、饲、肆、寺、祀

5：吴、吾、巫、毋、午、梧

6：刘、留、流、溜、瘤、柳

7：奇、歧、崎、齐、旗、棋、迤、泣
8：巴、吧、疤、叭、笆、拔、靶、琶
9：久、灸、纠、韭、酒、就、救、究、舅

在汉字中有许多字属于同音字，也有许多字读音相近似，借助这种谐音关系，赋予材料以引人入胜的意义，也能收到简便易记、经久难忘的效果。

2. 用谐音来记忆公式

用谐音法记忆一次绝对值不等式的解集：

$|x| > a \Rightarrow x > a$ 或 $x < -a$

$|x| < a \Rightarrow -a < x < a$

谐音法记为："大鱼取两边，小鱼取中间。"同时联想到吃大鱼只吃两边的肉，吃小鱼掐头去尾只吃中间。

3. 用谐音法记忆化学现象

物质溶解于水，通常经过两个过程：一种是溶质分子（或离子）的扩散过程，这种过程为物理过程，需要吸收热量；另一种是溶质分子（或离子）和水分子作用，形成水合分子（或水合离子）的过程，这种过程是化学过程，放出热量。可以用谐音记为"无锡花伞"，即"物吸化散"。

4. 用谐音法记忆历史年代

李渊618年建立唐朝，可记为："李渊见糖（建唐）搂一把（618）。"

清军入关是1644年，可记为："一溜死尸。"

中日甲午战争爆发于1894年，可用谐音记为："一拨就死。"

中日《马关条约》1895年签订，可记为："马关的花生——一扒就捂（霉变）。"

1898年6月11日至9月21日，历时103天的戊戌变法，可记为：

"戊戌变法，要扒酒吧；路遥遥，酒两酉。"要扒酒吧，即 1898 年；路遥遥，即 6 月 11 日；酒两酉，即 9 月 21 日。

5. 用谐音记忆电话号码

电话号码 2641329，可用谐音记为："二流子一天三两酒。"同理，电话号码 3145941 可记为："这件衣服虽然少点派，但我就是要。"

6. 用谐音记忆英语单词

英语是拼音文字，看到一个单词就能容易地猜到它的发音；听到一个单词的发音，也可以很容易地想到它的拼写。比如：

gas 煤气。音"该死"，可以记作：煤气能害死人是"该死"。

quaff 痛饮，畅饮。可以记作：quaff 音"夸父"——夸父追日，渴极痛饮。

hyphen 连字号"-"。hyphen 音"还分"，可以记作：还分着呢，快用连字号连起来吧。

shudder 发抖，战栗。音"吓得"，可以记作：吓得发抖。

谐音记忆法同其他记忆方法结合起来运用，效果会更好。比如 1901 年清政府同帝国主义列强签订了丧权辱国的《辛丑条约》，主要内容为：①清政府赔款白银 4.5 亿两；②清政府保证严禁人民的反抗斗争；③允许帝国主义在中国驻兵；④修建使馆，划分租界。可以把上述四点概括为："钱""禁""兵""馆"四字，读作"前进宾馆"。

二、练习

1. 用谐音记忆法记物理

气体的摩尔体积 22.4 升/摩，可记作"二二得四"，"得"与"点"谐音。

电功的公式 $W=UIt$，可用谐音法记作"大不了，又挨踢"。电流强度公式 $I=Q/t$，可记作"爱神丘比特"。

2. 用谐音记忆法记化学

氧化—还原反应中氧化剂与还原剂的判断，可记作"杨家将"，即

"氧价降"。意为氧化剂中的元素化合价降低；反之，还原剂中的元素化合价升高。

3. 用谐音记忆法记地理

黑色金属主要包括铁、铬、锰等，可以采用"铁哥们"作谐音记忆。

类地行星主要成分是氢、氖、氦，可以采用"勤奶孩子"作谐音记忆。

记忆江河年径流总量排序时，用谐音记忆法记作："径流巴西，俄（我）加（家）（有）美印（人）尼（你）中吗？"

记忆地壳中含量最多的元素时，可以记作："氧（养）硅（闺）铝（女），铁（贴）钙（给）钠（哪）钾（家）镁（美）？"

记忆矿产资源丰富的国家时，可以记作：俄（我）新（心）中美澳，阿蒙（门）。

记忆世界主要粮食出口国，可以记作：美加法（深）澳阿，该出口时就出口。

长江的长度6300km，可用谐音法记作"溜山洞洞"。同理，地球的表面积为51亿km^2，可以记作"地球穿着有污点的衣服"。

十四、归类记忆法

定义和特点

归类记忆法就是按照事物的某些内在联系和某些外部特征进行分类、归纳，进而改善记忆效果。

所谓归类，就是使分散的趋于集中，零碎的组成系统，杂乱的构成条理。识记材料经过这样的分类归纳，就会更加趋于系统化、条理化、概括化，也更容易地保存在记忆中了。

归类的形式多种多样，但遵循的标准只有两条：一条是复杂的归类，按照事物的内在联系或本质属性进行归类；另一条是简单的归类，按照事物的外部联系或非本质属性进行归类。记忆时，对章节知识综合穿线可以进行单元归类；对同种类型的知识可进行列表归类；对容易混淆的知识可进行对比归类……就拿历史知识来说，历史知识可以分为若干专题进行纵的或横的归类。比如学习中国古代历史，可以分为历代人口、历代官制、历次改革、历次农民起义、历次以少胜多的战役、历次不平等条约等。

运用归类记忆法时，要开动脑筋，积极思考，特别应注意两个问题：一要确定一个统一的标准和依据，否则在归类中容易出现"站错队"的现象；二要了解事物之间的内在联系，不要为它们的表面现象所迷惑，做到正确归类。

归类法既是记忆法，又是学习法，经常运用它，会使你的头脑科学化，知识系统化，从而举一反三，由此及彼，养成科学的思维习惯，牢牢地记住所学的知识，真正成为知识的主人。

具体使用方法

英语单词看似难记，但本身是有规律可循的。

一、词义归类法

将所学到的单词，按不同词义进行分类，提到一个，便联想到一串。例如，有关动物的单词，可以按照飞禽、走兽、虫鱼等分类记忆。

（1）表示走兽的名词，按动物形体从大到小容易记：dragon（龙）、camel（骆驼）、elephant（大象）、cattle（牛）、donkey（驴）、lion（狮子）、tiger（老虎）、leopard（豹）、wolf（狼）、deer（鹿）、sheep（羊）等。

（2）表示颜色的形容词，按颜色类型从正色到变色容易记：coloured（有色的）、colourless、red、yellow(golden)、blue、black(dark)、green、orange、brown、pink（粉色的）、rosy、purple（紫色的）等。

（3）表示动作的动词，按动作力度从大到小容易记：beat、strike、drag（拖）、push、pull、grasp（抓）、kick、trample（踩）、knock、dig、hoe（松土）、saw（锯）、pour、pick、tear、shake、wipe、sweep、dust（掸灰）等。

二、符号、缩写归类法

英语是一种拼音文字，为了简便，可以用一些符号和缩写的形式来代表单词。

（1）符号。比如：$(dollar)、¢(cent)、£(pound)、¥(Renminbi)、@(at)、%(percent)等。

（2）缩写。比如：Mr(Mister)、A.M.(a.m.)(in the morning)、B.C.(BC)(Before Christ)、A.D.(AD)(Anno Domini)公元、PRC(the People's Republic of China)、

UN(United Nations)、e.g.(for example) 等。

三、表示数字和次数的词或词组

数字分为整数、分数、小数；算式分为加、减、乘、除等。

（1）表示整数、次数的词组。比如：个 (one)、十 (ten)、百 (hundred)、千 (thousand)、万 (ten thousand)、十万 (one hundred thousand)、百万 (million)、千万 (ten million)、亿 (one hundred million)、十亿 (英 one thousand million；美 billion)、百亿 (英 ten thousand million；美 ten billion)、一次 (once)、两次 (twice)、三次 (three times)、四次 (four times)、第一次 (for the first time)、第二次 (for the second time)、第三次 (for the third time)、上次 (last time)、这次 (this time)、下次 (next time) 等。

（2）分数、小数。比如：one half、one quarter、five-eighths、two and two-fifths、two point eight(2.8)、zero point five(0.5)、thirty-five point four two nine(35.429)、thirty-nine percent(39%)、four permille(4‰) 等。

四、正反义词归类法

用正反对照的方法记单词，不仅容易记，使用时也比较方便。例如：

The boy never goes to school late.The boy always goes to school early.(never 是 always 的反义词，late 是 early 的反义词。)

The village is quiet and famous.The village is not noisy and unknown.(quiet 是 noisy 的反义词，famous 是 unknown 的反义词。)

五、同义词和近义词归类

英语里有很多词性相同的同义词和近义词，在句中可以互换使用，但有些却不能互换，对于这一点，在归类记忆时应特别注意，不要弄错。例如 hope—wish、broad—wide、almost—nearly、family—house 等。

精准记忆——每个人都要掌握的高效记忆法

十五、规律记忆法

定义和特点

把握事物的规律要求善于理解，弄清事物各部分之间的关系。数理化课本中的定理、定律、公式很多，采用机械记忆法效果一般；而在理解的基础上找出规律，记忆效果则会很好。比如，欧姆定律的公式 $I=U/R$，首先应该理解电流与电压的关系是成正比，与电阻的关系是成反比的规律，然后再记忆。

在现代汉语中，构成句子成分的主、谓、宾、补、定、状语关系复杂，很多人感到头疼，觉得不好划分。在弄清它们之间的关系的基础上，可以简记为："主谓宾、定状补，主干枝叶分清楚。基本成分主谓宾，附加成分定状补。定语必在主宾前，谓语前状后面补。"这是句子成分相互关系的规律，记住这几句话就省力多了。

具体使用方法

在学习外语中应该注意研究其规律。任何一种语言的词汇构成都是有一定的规律的，如英语从构词法角度讲就有10多种规律，常见的有：

（1）派生法：即词缀法。在词根前面或后面加上前缀或后缀构成新词。比如：动词后面加词缀 er，表示从事该动作的人或物。如 work（工作）—worker(工人)；read(读)—reader(读者)；heat(加热)—heater(加热器)。

（2）合成法：将两个或两个以上的词组合而构成合成词。比如：mother(母亲)+land(国土)—motherland(祖国)，he（他）+goat(山羊)—hegoat（公山羊），land(土地)+lord（领主）—landlord（地主）。

（3）转成法：即不改词形，把一种词类改作另一种词类。比如：fish（鱼，名词）、to fish（钓鱼，动词）。

任何知识都不是孤立的、零乱的，都是有内在联系的，也就是规律性。因而，要下苦功夫寻找和掌握它的规律。

精准记忆——每个人都要掌握的高效记忆法

十六、对比记忆法

定义和特点

常言道,有比较才有鉴别,有鉴别才好区分。对相近、相似的字或词,通过对比找出它们之间的异同更有助于记忆。比如:汉字中的"己(jǐ)""已(yǐ)""巳(sì)(地支的第6位,上午9点到11点)"。

心理上区分"情绪"与"情感":①前者与生理需要相联系,后者与社会需要相联系;②前者是人和动物都具有,后者是只有人才有;③前者外露、冲动、不稳定,后者内隐、含蓄、稳定。

再比如英语上区分 sea—see,son—sun;物理上区分"压力"与"压强","质量"与"重量"等。还有历史上两次世界大战的对比,中国与西欧资本主义萌芽的对比等,通过对比不仅可以加深理解,还能加深记忆。

比较是人们认识客观世界的重要手段。有比较才有鉴别,不经过比较,就难以辨明事物的特性、本质,难以弄清事物的相互关系及异同。比较的重要作用主要表现在以下3个方面:

(1)全面地识记材料。对同类材料进行比较式阅读,会明显地达到全面了解材料、进行"立体"记忆的效果。

(2)准确地识记材料。记忆的准确性与最初识记有直接的关系。如果输入大脑的信息有误,提取时必然不准。而比较是达到准确记忆的关键。

(3)深刻地识记材料。很多识记材料之间既有相似之处,又有不同之点,难以辨别。在记忆某一材料时,找同类材料阅读参考,稍加比较,各自的特点就突出了,印象也会随之更加深刻。

具体使用方法

一、具体方法

记忆有很多好方法，其中比较记忆法，就是一个极为不错的记忆方法。

（1）对立比较法。记忆的时候，把相互对立的事物放在一起，形成鲜明对比，就容易在大脑中留下深刻印象。比如记忆"民主"这个词，可以联系"专政"这个词；记"有理数"，可以联系"无理数"。在平时学习中，这种对立的知识点有很多，放在一起记忆，速度会更快，效率会更高。

（2）类似比较法。很多知识表面上极其相似，但本质上却有差异。比如：记忆浓盐酸密度时，$1.19g/cm^3$ 这个数据很难记忆，但是如果联系到火警电话119，就明显容易记住了。

（3）横向比较法。在学习的时候，有很多同类的不同事物，可以进行横向比较法，比如对同时代、同品种、同性质的事物进行比较，如学习俄国的"十月革命"，可以与德国的"十一月革命"进行对比记忆。

（4）纵向比较法。在学习新知识的时候，可以和已经记住的旧知识相比较，找出它们之间相对或不同之处。比如记俄罗斯名字的时候，可以这样记：1547年叫"沙俄"，1917年叫"苏俄"，1922年叫"苏联"，1991年叫"俄罗斯联邦"。

二、原则

比较记忆的方法有很多，主要有对立比较法、对照比较法、顺序比较法、类似比较法等。比较的基本原则有二：

（1）同中求异。比较时不要停留在材料表面现象的认识上，应着眼于它们本质属性的比较，抓住细微的特征进行记忆，要在识记材料共同点之外找出其不同点。

（2）异中求同。世界上的事物纷繁复杂，尽管表面现象千差万别，但有本质上的相同或相似点。只要在识记材料的不同点外努力找出它们的相同或相似点，就会把知识记得更扎实。

三、练习

1. 用对比法记忆数字

（1）13 的平方为 169，14 的平方为 196。

（2）浓盐酸的密度为 1.19g/cm³，火警电话为 119，张骞第二次出使西域的时间为公元前 119 年。

（3）浓硫酸的密度为 1.84g/cm³，邮编查询电话为 184，黄巾起义的年份也为 184。

（4）空气的密度是 1.293g/L，把最后一位的 3 略去为 1.29，在 29 前再加个 4 正好是氧气的密度，即 1.429g/L。可见氧气比空气略重。

（5）地球陆地面积为 1.49 亿 km²，地球距太阳的距离为 1.49 亿 km。

（6）日地平均距离约 1.5 亿 km，而地球表面积为 5.1 亿 km²，相当于整数部分和小数部分互换位置。

（7）日地平均距离为 1.5 亿 km，被称为一个天文单位；而太阳与冥王星的距离为 60 亿 km，即 40 个天文单位。

（8）黄赤交角 23.5° 与南北回归线所在的纬度相等，地轴与黄道平面的夹角 66.5°，同南北极圈所在的纬度相等。

（9）"二分二至"四个节气，是反映地球公转过程中季节的昼夜转换点，四个节气的日期分别为：春分——3 月 21 日前后，夏至——6 月 22 日，秋分——9 月 23 日，冬至——12 月 22 日前后。从春分算起，月份分别为 3、6、9、12，均为 3 的倍数，而日期分别约为 21、22、23、22。

2. 用对比法记忆数学概念

（1）自然数与整数

自然数即正整数（1、2、3、4、5、6、7、8…），其性质是：有最小，无最大，有顺序性，永远可以施行加乘两种运算。

整数包括正整数、负整数和零，其性质是：无最小，无最大，有顺序性，永远可以施行加减乘三种运算。

（2）有理数和无理数

有理数包括整数、分数、有限小数和无限循环小数。

其性质是：无最小，无最大，有顺序性、稠密性和间断性，永远可以施行加减乘除四种运算（除数不为零）。

无理数专指无限不循环小数。有理数和无理数统称为实数。

（3）等式、代数式、方程的区别

等式含有等号，代数式不含等号，方程是含有未知数的等式。

（4）一元一次不等式与一元一次方程解法步骤的联系与区别

一元一次不等式与一元一次方程的解法步骤完全相同，即：①去分母；②去括号；③移项；④合并同类项；⑤系数化为1。不同之处就在于，解不等式时，在步骤①和⑤中，如果乘数或除数是负数时，要改变不等号的方向。

（5）直线、射线、线段的联系与区别

联系：直线、射线、线段是整体与部分的关系，线段、射线是直线的一部分。它们都是由无数的点构成的，在直线上取一点，则直线可分成两条射线；取两点则可分成一条线段和两条射线。把线段两方延长或把射线反向延长就可得到直线。

区别：直线无端点，长度无限，表示直线的字母无序；射线有一个端点,长度无限,表示射线的字母有序;线段有两个端点,可度量长度,表示线段的字母无序。

3. 用对比法记忆物理概念

(1) 音调、响度和音品的联系与区别

联系:音调、响度和音品(也称音色)是声音的三要素。

区别:音调由发声体的振动频率决定;响度由发声体的振幅、离声源距离远近决定;音品由发声体本身性质决定。

(2) 摄氏温度与热力学温度

把标准大气压下冰水混合物的温度规定为0摄氏度,沸水的温度规定为100摄氏度,将0摄氏度和100摄氏度之间分成100等分,每一等分是1摄氏度。摄氏温度单位为摄氏度,用符号℃来表示。

宇宙中温度的下限大约为－273摄氏度,这个温度叫绝对零度。以绝对零度为起点的温度,叫热力学温度。热力学温度单位为开尔文,简称开,用符号K表示。

热力学温度T和摄氏温度t的关系是:$T=t+273K$。

(3) 熔化和凝固

物质从固态变成液态叫作熔化;从液态变成固态叫作凝固。

固体熔化时吸热,液体凝固时放热。

(4) 熔点和凝固点

晶体的熔化温度叫熔点,晶体的凝固温度叫凝固点。

对于同一种物质来说,凝固点与熔点相同。

(5) 晶体和非晶体

有固定熔点的固体为晶体,没有固定熔点的固体为非晶体,二者区别在于有无固定的熔点。

（6）汽化与液化

物质从液态变为气态叫作汽化，从气态变为液态叫作液化。

液体汽化时吸热，气体液化时放热。

液化的方法有两种，一种是降低温度，另一种是加压。

（7）蒸发与沸腾

蒸发与沸腾是汽化的两种形式。

在任何温度下液体表面发生的汽化现象叫蒸发，在一定温度下液体内部和表面同时发生的剧烈的汽化现象叫沸腾。

液体沸腾时的温度叫沸点。

（8）升华与凝华

物质从固态直接变成气态叫升华，从气态直接变成固态叫凝华。

物质在升华过程中吸热，在凝华过程中放热。

（9）质量与重力

质量是指物体中所含物质的多少，重力是指物体所受地球的引力。

质量只有大小没有方向，是标量，重力是既有大小又有方向的矢量。

质量在哪里大小都不变，重力随位置的变化而变化。

质量用天平称，重力要用弹簧称量。

质量单位一般用千克表示，重力单位一般用牛顿表示。

（10）压力与压强

压力是指垂直压在物体表面上的力。

压强是物体单位面积受到的压力。

4. 用对比法记忆化学概念

（1）分子与原子

分子是保持物质化学性质的最小微粒，原子是化学变化中的最小微粒。

有些物质是由分子构成的，如水、氧气；还有些物质是由原子直接构成的，如汞。

（2）原子与元素

元素是具有相同核电荷数的一类原子的总称。

（3）混合物与纯净物。

混合物是由两种或多种物质混合而成的，这些物质相互间没有发生化学反应，混合物里各物质都保持原来的性质，例如空气。

纯净物是由一种物质组成的，例如氧气。

（4）物理变化与化学变化

物质变化时没有生成其他物质的变化叫作物理变化；变化时生成了其他物质的变化叫作化学变化，也叫化学反应。例如：扩散、结晶等属于物理变化，燃烧、风化等属于化学变化。

发生化学变化时一定伴随物理变化，发生物理变化时不一定发生化学变化。

物质变化时往往两种变化同时发生，这时要看以何种为主，关键区别在于有无新物质生成。

（5）物理性质与化学性质

物质不需要发生化学变化就表现出来的性质，如颜色、状态、气味、熔点、硬度、密度等，叫作物理性质。

物质在化学变化中表现出来的性质，如可燃性、稳定性、酸性、碱性等，叫作化学性质。

（6）单质与化合物

由同种元素组成的纯净物叫作单质。

由不同元素组成的纯净物叫作化合物。

（7）原子量与式量

以 C-12 原子质量的 1/12 作为"砝码"去称量其他原子质量，所需要的"砝码"的个数就是被称量原子的原子量。

化学式中各原子的原子量的总和为式量。

（8）标准状况与通常状况

标准状况为 1 个标准大气压，0℃。

通常状况为 1 个标准大气压，20℃。

（9）离子化合物与共价化合物

由阴、阳离子相互作用而构成的化合物为离子化合物，如 NaCl、NaOH、$ZnSO_4$ 等。

由共用电子对形成分子的化合物为共价化合物，如 H_2O、CO_2、HCl 等。

（10）悬浊液、乳浊液、溶液

固体小颗粒悬浮于液体里形成的混合物叫作悬浊液，如泥水。小液滴分散到液体里形成的混合物叫作乳浊液，如牛奶。

一种或几种物质分子分散到另一种物质里，形成均一的、稳定的混合物，叫作溶液，如白酒。均一、稳定、透明等性质是溶液不同于悬浊液、乳浊液的特点。溶液有液态、气态、固态之分，通常指液态。

5.用对比记忆法辨别汉字

汉字中有些字形体相似，读音相近，容易混淆，因此有必要加以归纳，通过对比来辨别和记忆。为了增强记忆效果，可将联想记忆法和口诀记忆法也参入其中。实为对比、归纳、谐音、联想、口诀五法并用。

（1）巳（sì）满，已（yǐ）半，己（jǐ）张口。其中巳与4同音，已与1谐音，己与几同音，顺序为"满半张对应4、1、几"。

（2）用火烧（shāo），用水浇（jiāo），用丝绕（rào），用手挠（náo）；靠人是侥（jiǎo）幸，食足才富饶（ráo），日出为拂晓（xiǎo），女子更妖娆（ráo）。

（3）用手拾掇（duō），用丝点缀（zhuì），辍（chuò）学开车，啜（chuò）泣啜嘴。

（4）输赢（yíng）贝当钱，螺蠃（luǒ）虫相关，羸（léi）弱羊肉补，嬴（yíng）姓母系传。

（5）乱言遭贬谪（zhé），嘀（dí）咕用口说，子女为嫡（dí）系，鸣镝（dí）金属做。

（6）中念衷（zhōng），口念哀（āi），中字倒下念作衰（shuāi）。

（7）言午许（xǔ），木午杵（chǔ），有心人，读作忤（仵）（wǔ）。

（8）横戌（xū）点戍（shù）不点戊（wù），戎（róng）字交叉要记住。

（9）用心去追悼（dào），手拿容易掉（diào），棹（zhào）桨划木船，私名为绰（chuò）号。

（10）点撇仔细辨（biàn），争辩（biàn）靠语言，花瓣（bàn）结黄瓜，青丝扎小辫（biàn）儿。

6. 用对比法区分动量词和物量词

一个句子，谓语动词后面如有数量词出现，就把动词换成"有"字。串读后如果符合汉语规范，这个量词就是物量词，做宾语；如果串读后读不通，即为动量词，做补语。例如："我读了一本书"，把"读"字换成"有"字，就变成"我有了一本书"，虽然意思变了，但仍然符合汉语规范，因此"本"是物量词。又如："我读了一遍书"，把"读"换成

"有",就变成"我有了一遍书",显然不符合汉语规范,因此说"遍"是动量词。

7. 用对比法记忆历史事件及年代

(1) 公元前221年,秦始皇统一中国;公元221年,刘备建蜀。

(2) 张骞出使西域,两次的时间分别为公元前138年和公元前119年。后者与火警电话号相同,19的2倍又正好是38。

(3) 1616年,努尔哈赤称汗,建后金;1661年,郑成功收复台湾。同样的方法可记:马克思诞生于1818年,鲁迅诞生于1881年。

8. 用对比法记忆"七国之乱"和"八王之乱"

"七国之乱"与"八王之乱"都是统一国家内部的战乱,二者的区别有以下几点:

(1)"七国之乱"发生在西汉初汉景帝时期,"八王之乱"发生在西晋初晋惠帝时期。

(2)"七国之乱"是七王联合对付朝廷,而"八王之乱"是八王混战。

(3)"七国之乱"三个月内被平定,而"八王之乱"则历时16年。

9. 用对比法记忆宋朝、明朝农民起义建立的政权名称

宋朝、明朝农民起义建立的政权有:北宋王小波、李顺起义军在成都建立"大蜀"政权,南宋钟相建立"大楚"政权;明末张献忠建立"大西"政权,李自成建立"大顺"政权。这四个政权有两个共同点:一是都为农民政权;二是都有个"大"字。这样一归纳可记作:"献忠大喜(大西),自成大顺;小波中暑(大蜀),钟相受处。"

10. 用对比法记忆英法联军火烧圆明园的时间

第二次鸦片战争爆发以后,1860年英法联军闯入北京,大肆抢劫,放火烧毁了皇家园林——圆明园。可以与第一次鸦片战争爆发的时间1840年对比进行记忆。第二次鸦片战争开始的时间为1856年,也可以与1840对比着记,记成4-56。

精准记忆——每个人都要掌握的高效记忆法

十七、歌诀记忆法

定义和特点

有节奏有韵律的材料，比没有节奏没有韵律的材料要好记得多。歌诀记忆法正是利用了这一规律。

心理学实验指出：10个无意义无韵律的字，需要背诵二三十遍才能记住；而10个无意义有韵律的字，只需要14遍就可以全部记住。

歌诀记忆法要求语言编码韵律化，需记忆的材料具有下面的特点：

（1）语言和谐，节奏鲜明，顿挫有致，朗朗上口，容易引起人们的兴趣和注意。实践证明，用快板、歌曲、顺口溜宣传，比照本宣读大块文章更容易使人接受。

（2）语言精练，句式整齐，化繁冗为简短，变零乱为有序。歌诀记忆法要求把长篇累牍的材料、零碎散乱的知识编成合辙押韵的歌诀，以便于识记、储存和提取。

举个例子：

历史朝代名号歌
夏后殷商西东周，春秋战国秦皇收。
西汉东汉魏蜀吴，西晋东晋兼五胡。
匈奴羯氐羌慕容，拓跋代北后称雄。
宋齐梁陈是南朝，北魏齐周称北朝。

北周灭齐传于隋，隋又灭陈再统一。
隋亡唐兴称富强，五代十国各称王。
契丹兴起在北方，建号为辽入汴梁。
五代梁唐晋汉周，宋朝建国陈桥头。
女真建金先灭辽，打破汴京北宋消。
南宋偏安在江南，蒙古兴起国号元。
灭金灭宋归一统，元朝统治九十年。
明代共传十六君，满洲初起号后金。
后金国号改为清，入关称帝都北京。
人民觉悟革命起，清帝退位民国立。
人民民主再胜利，万方奏乐庆"十一"。

朝代歌

唐尧虞舜夏商周，春秋战国乱悠悠；
秦汉三国晋统一，南朝北朝百姓愁；
隋唐五代又十国，宋元明清帝王休。

二十四节气歌

春雨惊春清谷天（立春、雨水、惊蛰、春分、清明、谷雨）；
夏满芒夏暑相连（立夏、小满、芒种、夏至、小暑、大暑）；
秋处露秋寒霜降（立秋、处暑、白露、秋分、寒露、霜降）；
冬雪雪冬小大寒（立冬、小雪、大雪、冬至、小寒、大寒）。

具体使用方法

歌诀记忆法历史悠久，应用广泛。众人熟知的如《九九乘法表》《英语字母歌》《珠算口诀》《中医汤头歌》《中国地理三字经》《中国历史七言诗》等。特别是许多农业谚语、气象谚语更是劳动人民勤劳和智慧的结晶。歌诀记忆法深受人们欢迎，它像"拐杖"一样，有助于攀登记忆的高峰。但是使用这种方法的时候，有四点注意事项应该说明：

（1）不难记的不需要编歌诀。编歌诀时要根据识记材料的具体情况而定，如果识记材料不常用或不复杂，大可不必画蛇添足编歌诀。

（2）歌诀最好由自己编写。自己创造的东西更容易在大脑中留下深刻的烙印，在诵记时有一种亲切感。同时，自己编写的过程又是对材料的总结消化过程，在诵记时有一种熟悉感。

（3）歌诀一定要准确简练。歌诀要忠实于识记材料，编写中不能出现张冠李戴、顺序颠倒等现象，否则难以引起正确的回忆。歌诀一定要简短明了，不宜过长，否则在诵记前容易使人望文生畏，产生恐惧感。在诵记中容易使人丧失信心，产生厌倦。

（4）对别人编的歌诀要认真理解。从古至今，在各行各业，在多种知识的学习上，都有人编过许多易学好记的歌诀，我们大可以讲点儿"拿来主义"，古为今用，人为我用。但是一定要先把歌诀与识记材料相对照，弄清歌诀对识记材料的概括情况，真正理解歌诀的意义，这样才能够记得快，记得牢，记得准。

练习

1. 歌诀记忆乘法口诀表

一一得一

一二得二 二二得四

一三得三 二三得六 三三得九

一四得四 二四得八 三四十二 四四十六

一五得五 二五一十 三五十五 四五二十 五五二十五

一六得六 二六十二 三六十八 四六二十四 五六三十 六六三十六

一七得七 二七十四 三七二十一 四七二十八 五七三十五 六七四十二 七七四十九

一八得八 二八十六 三八二十四 四八三十二 五八四十 六八四十八 七八五十六 八八六十四

一九得九 二九十八 三九二十七 四九三十六 五九四十五 六九五十四 七九六十三 八九七十二 九九八十一

2. 歌诀记忆英语语法

（1）现在进行时

主语在句首，am, is, are 跟在后，

现在分词跟着走，其他成分不可丢。

表示动作正进行，句中 now 时间定。

一般问句，把 be 提到句前去。

否定句式也简单，be 后只把 not 添。

（2）特殊疑问句用法

What 用途广，要问"什么"它当先。（What's this？）

How 开头来"问安"。（How are you？）

Who 问"谁"。（Who's that man？）

"谁的" Whose 来承担。(Whose eraser is this？)
询问"某地"用 Where。(Where is her cat？)
"哪一个" Which 句首站。(Which one？)

（3）动词加 –s 或 –es 方法歌诀
动词三单现在式，一般词尾加 –s。
s，x，ch，sh 在词尾，直接加上 –es。
词尾若是字母 o，加上 –es 不用愁。
"辅音字母 +y"来结尾，变 y 为 i 是正规。
–es 后边紧跟随，study → studies 看明白。

（4）"be going to"的用法
be going to，表打算，准备、计划将干。
表可能，有必然，通过现象来推断。
使用它，要注意，疑问形式 be 提前。
否定句，更简单，not 放在 be 后边。
to 之后，动原形，be 的形式看人称。
下列词，要注意，come go 和离去 (leave)
进行时，表将来，牢牢记住莫忘记。

（5）祈使句用法
祈使句，祈使句，请求、命令或建议。
主语是 you 常省去，动词原形开头记。
否定形式要注意，句首要把 Don't 加。
要讲客气用 please，句首句末没关系。

（6）过去式之歌

标准过去式加 -ed，少量不规则分别记，
am 和 is 对 was，二人称复数 are 变 were，
have 和 has 用 had，do 和 does 变 did。

（7）规则动词过去式构成方法
过去式构成有方法，一般词尾把 -ed 加。
如果词尾有个 e，直接加 d 就可以。
"辅音字母 +y" 在词尾，变 y 为 i 加 ed。
"一辅重闭"做尾巴，双写之后 -ed 加。

（8）have/has 的用法
动词 have 表示"有"，位置就在主语后。
"三单"主语用 has，其他人称用 have。

（9）There be 句型用法
There be 句型有特点，主语放在 be 后边。
主语单数用 is，复数主语要用 are。
变否定，很简单，be 后要把 not 添。
变问句也不难，把 be 提到 there 前。
肯定句中用 some，否定/疑问要用 any 换。

（10）人称代词用法歌
人称代词分两格，主格宾格来分说。
主格用来做主语，宾语用的是宾格。
人称代词都有数，单数复数莫用误。

（11）人称代词主格趣记歌

我是 I，你是 you，还有三个不用整。

另用 he，也用 she，it 指物要明白。

以上说的是单数，还有 we, you 加上 they。

（12）be 动词用法歌

我用 am，你用 are。

is 连接他，她，它。

单数名词用 is，复数名词全用 are。

变疑问，往前提，句末问号莫丢弃。

变否定，更容易，be 后 not 莫忘记。

疑问否定任你变，句首大写莫迟疑。

3. 我国七大古都

七大古都是北京，西安南京杭州城；河南洛阳和开封，安阳殷墟史料重。
北京故宫天安门，颐和园及八达岭。西安大小两雁塔，骊山华清池秦陵。
南京雨花台江桥，玄武湖和中山陵。杭州西湖双十景，灵隐寺与飞来峰。
洛阳龙门石窟精，白马少林寺有名。开封铁塔和龙亭，相国寺钟观音听。

4. 唐诗口诀

初唐（陈）子昂是先驱，山水田园有孟王（孟浩然与王维）。
边塞高（高适）岑（岑参）大漠石，诗仙李白诗圣杜（杜甫）。
白居（易）《长恨》语惊人，晚唐李（李商隐）杜（杜牧）美名扬。

十八、列表记忆法

定义和特点

列表记忆法是指通过对图形识记来增强记忆效果的方法，此法适应性广。据心理学家研究，用文字识记和用形象识记材料的记忆效果相差悬殊，物体的视觉形象比词的视觉形象更容易记忆，而且可以保持长久。利用图表、图示等形式把知识之间的联系和关系表现出来，既便于理解，又便于记忆。

列表记忆法，需要尽可能地将识记对象分析加工，使其图示化，这个过程可以加深对材料的理解，加深印象，获得的图形形象、简洁，便于记忆，利于通过联想进行回忆。使用现成图形时，应正确理解图形含义，再按图示去记忆，这样才能收到准确、持久的记忆效果。

通过列表把相关的材料进行对比和对照，使之醒目异常。这样便于记忆材料的特点和它们之间的联系。

当然，列表不是无顺序、无规律地罗列，而是把材料分别集中起来，放在表中适当的位置上。往往是一张表整理出来了，条理也就清楚了，脑子也就记住了。因为在查找、分类和编制表格的过程中，大脑已经进行过积极的思维和加工，知识已经条理化了。例如：初中代数中的指数式和对数式是两个容易混淆的知识点。不但写法和读法容易记错，而且相同字母在两个式中的名称也容易混淆。

在各科学习中都可以通过列表把许多知识集中起来，不仅使记忆过程省时、省力，而且使记忆效果更加准确、牢固。例如，地理课中自然带的分类、分布、地区特点、气候特点、植物特点、动物特点等，总计35项内容。前后共8页篇幅，背诵这8页书，不但费力，而且没必要。设计一张表格，就能大大削减不必要的内容，记忆起来，省力多了。

列表记忆运用范围广，类型多种多样，常用的有：

（1）一览表。即站在统观全局的角度，对识记材料进行鸟瞰，掌握其相互关系，以便于全面记忆。

（2）系统表。使识记材料系统化，便于通盘掌握和整体记忆。

（3）比较表。即对识记材料进行比较和分类，从特征上掌握知识材料。

（4）统计表。即把带有数据的识记材料制成表格。

（5）关系图。即用简单的图示把知识间的关系表示出来，以便于形象记忆。

（6）网络图。即用图示来突出知识各方面的关系。

（7）示意图。即把要记忆的材料图画化，画图时线条要简洁，立意新颖。最好用彩笔，效果更好。

具体使用方法

一、列表记忆法的使用方法

怎样做记忆图呢？这种方法与学校老师在黑板上画的图十分类似。简单地说，记忆图的制作就是把中心概念写在中央，然后向各个方向延伸，产生由关键词和突出印象所组成的组织化结构，这种结构随着认识的深化不断发展、完善。具体方法如下：首先，将要记忆事物的关键词写在一张纸的中央。其次,在关键词周围记下第二层次的要点,并用线条把它们与中央的关键词连接起来。再次,把与各个二级要点有关的下一级要点记下来,并用线条把与它们有关的二级要点连接起来。这些三级要点也许与中心要点有关联,也许没有。最后,你将得到一幅有众多分支的图画,看上去既有点像心不在焉的作品,又有点像儿童画。

  运用这种方式储存信息要比逐条记笔记更有趣更容易,能使你看一眼就想起一些关键的要点。图解记忆法对任何通过语言或视觉图像传递信息的活动都非常有效,如讲课、会议、书籍、报告、录像带、电视纪录片、录音带等。

  二、练习

  1. 运用图解法来记忆下列三者之间的关系

  (1)距离、速度、时间。

  (2)电流、电压、电阻。

  (3)重量、密度、体积。

  (4)三角函数之间的相互关系

  2. 通过以下练习描绘你想记住的任何形式的重要信息

  (1)准备一张纸和一支铅笔。

  (2)在纸的中央把重要事实(一个或几个)写下来。

  (3)在所有项目周围各画一个圆圈。

  (4)把与中心事实有关的要点及二级要点写在中心事实的周围。

  (5)用线条表示有关二级要点与中心要点的联系。

  (6)注明每条连线分别表示什么联系。

  (7)在二级要点周围写出与之有关的观点,在该连线的地方画线条,并注明各三级要点与各二级要点及中心要点之间分别有什么联系。

  (8)继续上述步骤直至结束。

  3. 以下是图画数字,试试看,会发现它很有趣

  (1)run(跑)——想象一匹马在奔跑。

（2）zoo（动物园）——想象动物园中装熊的笼子。

（3）tree（树木）——把所想要记忆的事物想象成躺在一棵大树上面。

（4）door（门）——或是boar（野猪）。挑选任何声音很像four（四）的物品或动物。

（5）beehive（蜂房）——想象许多六角形的格子。

（6）sick（生病）——想象一位红十字会护士。

（7）heaven（天堂）——街上铺满黄金，天使在弹奏竖琴。

（8）gate（大门）——大门无比狭窄，一个人的脑袋正在门缝中出不来也退不回去。

（9）wine（酒）——酒瓶翻倒在桌上，瓶里面的酒流了出来，滴到桌子下面的某些东西上。

（10）den（兽穴）——在丛林深处岩石中的是野兽洞穴。

4.你认为本章最重要的观点是什么？绘制一幅记忆图

（1）在纸的中央写下一两个你认为能反映本章中心内容的关键词，用圆圈把它圈起来。

（2）接着写下两三个重要的二级要点，用线条把它们与中心关键词连接。

（3）每次围绕一个二级要点思考，把与这一要点有关的一组要点添加到图中。

（4）逐个考查第三级要点，把从属的下一级要点写下来，直到你认为已囊括所有重要信息为止。

（5）在纸上留下一些空间，以便你把今后学到或想到的新观点、新事实补充进去。

十九、感官记忆法

定义和特点

一、感官记忆法的定义

感官记忆存在于日常生活中,而且很常见。比如翻开电话本记住了其中一个人的电话号码,然后在手机上键入这些数字,记忆至少要在电话号码全部键入以后才开始遗忘。但拨过去之后,听到那边传来无法接通或占线的提示音时,会很不自信地再看一遍手中的电话本,认为是自己的记忆出现了错误。这就是感官记忆,它通常只能在人的大脑中存在3~5分钟,等到信息被使用后,便会很快进入遗忘状态。

感官记忆法是以人的五官来命名的一系列记忆方法。人们面对新鲜的事物时,如果只是用眼睛去看,只能见到外形,但假如能够配合手、嘴巴、鼻子、耳朵,即将视觉、触觉、味觉、嗅觉、听觉综合起来,大脑搜集到的信息就会更多,认识和记忆也会更加深刻。而在日后需要提取信息时,因为是多种感官并用建立起来的神经活动联系,恢复信息痕迹的线索也会更多。

这种把身体各个部位的感官协同起来用于记忆的方法,就叫作感官记忆法。而且在记忆的过程中,要尽可能多地开动识记器官,参与记忆的感官越多,记忆的效果也会越好。

二、感官记忆法的科学依据

中国南宋时期著名的哲学家朱熹说过:"心不在此,则眼不看仔细,心眼既不专一,却只漫浪诵读,决不能记,记亦不能久也。三到之中,心到最急,心既到矣,眼、口岂不到乎?"朱熹提出做学问要求"三到",即"心到、眼到、口到"。

苏联心理学家沙尔达科夫做过这样一个实验:他把受试者分为三组,分别要求他们采用三种不同的方法去记忆10张画的内容——他告诉第一组受试者这10张画的内容,但不出示这些画给他们看;第二组的受试者只看到了画中的内容,但他并没有清楚地表述出画中画的是什么;而在第三组受试者的面前,他则是出示了画并且用语言描述了这10张画都画了些什么。

十几天之后,他再次找到这些受试者,然后要求他们复述出那10张画作的内容。实验的结果是:第一组受试者记住了70%的内容,第二组受试者记住了60%的内容,而第三组受试者记住了86%的内容。这个实验向人们证明,记忆的过程中,只用眼睛或只用耳朵去记忆的效果比不上眼睛和耳朵并用的效果。

"学之当于五官,五官不得不治"(出自于《学记》),也就是说,没有五官参与活动的学习是学不好的。科学家也已经得出数据,人从视觉中获得的知识可以记住25%,从听觉中获得的知识只能记住15%,如果把视觉和听觉结合起来,就能够记住65%。

视觉符号记忆(眼看)往往比较容易遗忘,而听、读、写等包含有专管运动的小脑对肌肉运动的记忆(也叫运动记忆),遗忘速度很慢,甚至有可能终生不忘。而这种"运动记忆"在记忆的过程中要求人们的眼睛、耳朵、嘴巴、手等身体各个器官都开动起来,互相协助并共同参与记忆,"协同记忆法"因此而得名。

现代科学研究已经发现,人类的左脑侧重的是抽象思维,主导语言、数字、逻辑等;而人类的右脑侧重的则是形象思维,主导直观形象、音乐、综合创造等。心理学家理查德·汤普森与著名医学家凯尔经过研究也证实,在人类的大脑中对记忆起着至关重要作用的是"下橄榄核",位于小脑之中，而运动动作就是通过小脑被人记住的。我们在小时候背诵的古诗，现在依旧可以脱口而出，这就是小脑对口腔肌肉的一连串动作保持牢固记忆的原因。

事实上，经过小脑记住的动作除了躯干和四肢的运动之外，还包括身体中各个部位的肌肉动作，甚至一些很细微的动作。譬如，持笔写字的姿势、走路的动作等。这类运动记忆对学习效率的提高有很大帮助，因此要充分调动人脑的视觉中枢、听觉中枢、语言中枢和运动中枢等各个感官的积极性和优势，让感官协同记忆来提高记忆力。

具体使用方法

心理学认为，记忆实质上是感知过的事物在人脑中留下的痕迹，靠多种感官感知比单靠某一感官感知留下的痕迹要多、要深。在日常的学习中，大多数同学只知道用单一感官感知，要么只用眼看，要么只读，要么只用手写，而很少多感官并用，故而记忆的效果较差。为此，在记忆过程中，要尽可能调动多种感官协调记忆，做到眼看、耳听、口读、手写、心记，其中最重要的是心记，切莫心不在焉。

在实际的英语学习中，感官记忆法运用频率很高，主要在单词教学和听写检测时使用。学习词组时，要眼看黑板，耳听录音，手指写画，嘴巴朗读，手做动作，大脑思考。例如学长单词 dinosaur 时，很多学生方法是 d-i-n-o-s-a-u-r 逐字母拼读，但这种记忆负荷是 8 个字母的发音及其顺序，这种记忆方法导致的结果往往是字母遗漏或是字母顺序写错。而采用感官记忆法，则变成了眼看恐龙照片，耳听 dinosaur 磁带光盘发音，嘴巴跟读，手指在随写本上写画，或是做出恐龙张大嘴的动作，全方位地加强记忆，在遗忘时提取其中任何一个线索，都能引导回忆出 dinosaur 的音形义。

关于词组教学，比如 rode a horse，我们可以眼看骑马图，耳听老师音，手指写，嘴巴读，做出骑马的动作，再演练题目，进行大脑的思考，将所学与题目考查点对应起来，很快就能掌握 rode a horse 这个词组。对于 rode 原形，可以用 ride—rode，规则记忆，i 变 o，rode a horse。

课外生活中的英语也应和课堂所学内容联系起来。比如电器设备上的英语、产品说明书上的英语、各种警示语、标语等；还可以通过聆听外文歌曲、欣赏国外影视。耳濡目染，日积月累，反复回想，自然就能记牢。例如很多电池包装上 battery 字样，洗发精瓶外的 shampoo 字样，自动取款机上的 ATM（Automatic Teller Machine）字样，某些药品包装盒上的 OTC（Over The Counter）字样等，都是一种感官刺激。

因此，在讲解 countryside 时，可以结合在乡村基 CSC(Counrtry Style Chicken) 吃饭的经历，如果采用读单词、逐字母拼单词记忆的模式，记忆效果反而不理想。

二十、归纳记忆法

定义和特点

归纳记忆法就是通过将所记忆内容按不同属性加以归纳，然后分门别类地记住这些内容和属性。这是人们在学习和工作中常用的一种记忆方法，往往是在知识材料积累到一定数量之后进行的。在学习与复习中对不同种类的知识点的记忆，经常要用到这种方法。

所谓归纳，就是使分散的趋于集中，零碎的组成系统，杂乱的构成条理。识记材料经过这样的分类归纳，就会更加趋于系统化、条理化、概括化，更容易地保持在记忆中。比如词义归类法，就是将所学到的单词，按不同词义进行分类，提到一个，便联想到一串。例如有关动物的单词，可以将飞禽、走兽、虫鱼等分类记忆。

在运用归纳记忆法时，要开动脑筋，积极思考，特别应注意这样两个问题：①确定一个统一的标准和依据，否则在归类中容易出现"站错队"的现象；②注意了解事物之间的内在联系，不要被它们的表面现象所迷惑，做到正确归类。

具体使用方法

下面是方法及案例：

1. 用归纳记忆法记忆阿伏伽德罗定律

阿伏伽德罗定律："在相同的温度和压强下，相同体积的任何气体都含有相同数目的分子。"可归纳为四同：在同温、同压条件下，同体积的气体含有相同的分子数。还能缩记作：同压、同温、同体、同分。

2. 用归纳记忆法记忆催化剂的性质

催化剂的性质可归纳为："一变两不变。""一变"即在化学反应里使其他物质的化学反应速度变化，这种变化可以是变快，也可以是变慢。"两不变"指其本身的质量和化学性质在化学反应前后不变。

3. 用归纳记忆法记忆原始社会生产关系

原始社会生产关系可归纳记作：一公二平。"一公"是指生产资料公有制；"二平"是指人们在生产劳动中结成了原始的平等互助关系和平均分配消费品。

4. 用归纳记忆法记忆有关隋朝大运河的历史知识

关于隋朝大运河的开通时间、流经地域和历史意义等，可归纳为"一二三四五六"的数字来记忆：

一条南北交通大动脉；

隋朝第二代皇帝隋炀帝开凿；

跨越三大城市，即以洛阳为中心，北达涿郡，南至余杭；

全长分四段：永济渠、通济渠、邗沟、江南河；

连接五大河流：海河、黄河、淮河、长江和钱塘江；

流经六省：冀、鲁、豫、皖、苏、浙。

5. 用归纳记忆法记忆中国近代史上发生的重大事件

中国近代史(1840—1919)上发生的重大事件，可归纳为"五四三二一"来记忆。即：

五次重大战争——鸦片战争、第二次鸦片战争、中法战争、中日甲午战争、八国联军侵华战争；

四个主要不平等条约——《南京条约》《马关条约》《辛丑条约》《二十一条》；

三次革命高潮——太平天国运动、义和团运动、辛亥革命；

两个阶级产生——无产阶级和民族资产阶级；

一次失败的变法——戊戌变法。

6. 用归纳记忆法记忆中国历史之最

（1）中国境内的最早人类——元谋人，距今约170万年。

（2）中国有文字可考的历史，是从商朝开始的。文字的出现，是人类历史进入文明时期的重要标志。

（3）中国历史上最早的确切纪年始于公元前841年，即共和元年。

（4）中国历史上第一个奴隶制王朝——夏朝。

（5）中国历史上第一个统一的中央集权的封建国家——秦。秦始皇为中国第一个皇帝。

（6）春秋时期第一个霸主——齐桓公。

精准记忆——每个人都要掌握的高效记忆法

（7）战国时期变法最彻底的是商鞅。

（8）中国道家学派的创始人——春秋时代的老子；儒家学派的创始人——春秋时代的孔子；墨家思想的创始人——战国时期的墨子。

（9）中国第一部诗歌总集——《诗经》。

（10）中国保存下来的第一部完整历法——汉武帝时制定的"太初历"。

（11）中国现存最早的医书——西汉时编定的《黄帝内经》。

（12）中国第一部完整的药物学著作——东汉时期的《神农本草经》。

（13）中国第一部纪传体通史——《史记》，西汉司马迁著。

（14）中国第一部断代史——《汉书》，东汉班固著。

（15）中国现存的第一部完整的农书——北朝贾思勰的《齐民要术》。

（16）中国现存的第一部脉学专著——西晋太医王叔和著的《脉经》。

（17）中国（也是世界）第一部茶叶专著——唐朝陆羽著的《茶经》。

（18）中国最早的一部长篇（章回）历史小说——《三国演义》，成书于元末明初，作者罗贯中。

（19）中国第一部以农民起义为题材的长篇小说——明初的《水浒传》。

（20）中国最早的资本主义萌芽——明朝中后期于江浙一带。

（21）元代来中国最著名的外国人——意大利旅行家马可·波罗。

（22）明朝末对中国影响最大的传教士——意大利的利马窦。

（23）中俄双方签订的第一个边界条约——《尼布楚条约》，1689年签订。

（24）中国近代史上第一个不平等条约——中英《南京条约》，1842年8月签订。

（25）南昌起义打响了武装反抗国民党反动派的第一枪。

二十一、思维导图记忆法

定义和特点

自接受学校的教育以来,在阅读或学习过程中,为了记住学习内容,很多学生都养成了按顺序做常规笔记的习惯。然而,此种传统的笔记方法存在着非常致命的弱点。托尼·巴赞在经过长期的研究和实践后,明确而深刻地对传统笔记的弊端作出了简明而精辟的阐述:

(1)埋没了关键词。重要的内容要由关键词来表达,在常规标准笔记中,这些关键词埋没在一大堆相对不重要的词汇中,阻碍大脑对各关键概念之间作出合适的联想。

(2)不易记忆。单调的笔记看起来很枯燥,要点也很相似,但是会使大脑处于一种催眠状态,让大脑拒绝和抵触吸收信息。

(3)浪费时间。要求记些不必要的内容,读些不需要的材料,复习不需要的资料……如此只能造成时间的浪费。

(4)不能有效刺激大脑。标准笔记的线性表达阻碍了大脑做出联想,对创造性和记忆会造成消极影响,抑制思维过程。

与传统笔记相比,思维导图对记忆和学习产生的关键作用有:

(1)只记忆相关的词可以节省时间50%~95%。

(2)只读相关的词可节省时间90%。

(3)复习思维导图笔记可节省时间90%。

(4)不必在不需要的词汇中寻找关键词可省时间90%。

（5）集中精力于真正的问题。

（6）重要的关键词更为显眼。

（7）关键词并列在时空之中，可灵活组合，激发创造力和改善记忆力。

（8）易于在关键词之间产生清晰合适的联想。

（9）做思维导图的时候，人会处在不断有新发现和新关系的边缘，鼓励思想不间断和无穷尽地流动。

（10）大脑不断地利用其皮层功能，越来越清醒，越来越愿意接受新事物。

思维导图记忆法为中小学生提供了一个"十拿九稳"的记忆方法，可以使记忆能力成倍增长；同样，创造性思维导图也把简单的创造性思维模式向四周无限地发散。

比如：

约客（赵师秀）

黄梅时节家家雨，青草池塘处处蛙。

有约不来过夜半，闲敲棋子落灯花。

具体使用方法

用思维导图记忆法背诵课文，可以分成四个步骤：识图、复述、记忆图和背诵课文。那么如何使用思维导图记忆法来进行高效记忆呢？

1. 对知识理解要充分

在开始绘制思维导图之前，首先要充分理解将要进行记忆的知识。为什么？第一，思维导图是体现知识点间逻辑关系的图，不对各知识点进行深入的理解，就不可能绘制出成功的思维导图；第二，任何记忆方法只有建立在理解性记忆的基础上效果才是最好的。因此，绘制思维导图之前就需要先完成充分理解知识这一步。深入理解知识的办法有很多，比如上课认真听讲、查阅参考书、请教老师和同学等，这里不再一一赘述。

2. 掌握绘图工具

笔和纸是传统的思维导图绘制工具，只需用不同颜色的笔在适当大小的纸上画出导图即可。关于笔的选择，除了要不同颜色外，还要考虑笔画的粗细以及墨水是否易干等因素。一般可以选择不同粗细笔画的、墨水易干的笔，便于作图；关于纸的选择，可以用一个适当大小的本子即可。

3. 熟知两大步骤

用思维导图来帮助自己记忆知识主要有两大步骤：

（1）梳理知识。在绘制思维导图之前，首先要将需要记忆的知识全部梳理一遍，确保心中对知识都能够深入理解。梳理知识时，不仅要及时解决自己不懂的地方，还要厘清各个知识点之间的逻辑关系，这样才算充分理解了要记忆的知识。

（2）将知识点串联起来。经过上述两步之后，应该就对所有知识点理解得比较透彻了，这时候要通过提炼出的关键词进行发散思维，将所有的知识点与该关

键词建立联系,从而绘制出思维导图。举个例子:假如你要用思维导图记忆法记忆一个单元的单词,首先要将所有的单词通读几遍,做到发音准确,并且对所有词的词性有一定的了解;其次再确定所有单词的关键词,一个单元的英语单词可以直接用该单元的主题作为关键词;最后用这个关键词把所有单词串联起来,既可以把单词按词性分类串联起来,也可以按照和主题的相关度进行串联。

4. 四大误区

(1)认为思维导图太费时。绘制思维导图刚开始用传统的纸笔会比较耗时间,但随着绘制越来越熟练,以后的耗时会越来越少。而且在绘制思维导图的过程中,多个感官都会参与其中,极利于记忆效率的提高。况且还有各种思维导图软件和APP帮忙,可以节省不少时间,因此每个人都应该尝试一下。

(2)知识点越详细越好。在绘制思维导图时,需要通过一个关键词将所有的知识点串联起来,但是这些被串联起的知识点,不可能按照教材上的原文一字不漏地全写上去,要对知识点进行精简、浓缩后再绘制导图。照抄教材,一则浪费时间,二则导图看起来过于臃肿,不美观。

(3)一张图定天下。完美主义者做任何事都要讲求十全十美,在绘制导图时,完美主义者可能要求自己不仅字写得漂亮,绘画也要美观。可是并不是每个人都是天生的书法家和画家,对自己要求如此严苛只会"自找麻烦",让自己感到心烦。因此不要过分追求美观,只要画出的导图大方得体即可。

(4)多感官参与。思维导图记忆法最重要的作用就是通过调动多种感官进入到知识记忆中来。实践证明,思维导图能够极大地提高记忆效率。因此,与其做重复的无用功,不如开始绘制思维导图,让导图来帮助进行高效记忆。

5. 练习:用思维导图背诵课文

第一步,识图。

首先结合课文，从整体上把握文章布局，弄清图中每个区域和课文段落之间的对应关系。其次观察图中的关键图符（关键图符一般是用粗线画的）。最后沿着曲线来移动视线，在脑海中复现课文的全貌。

第二步，复述课文。

刚开始复述课文时，可以使用带有文字的思维导图，并熟悉文字和图形的对应关系，尽快进入左、右脑并用的状态。对图文对应关系熟悉后，再根据不标注文字的纯思维导图复述，也能在纯思维导图上添加一些自认为重要的关键词，或修改图标或图形（例如，改变线条或图标的颜色），使之更符合个人的思维习惯。

对于比较复杂的课文或大型的思维导图（例如对话型课文的思维导图），或学习目的不是完全背诵，只要能根据纯思维导图复述就可以了。

第三步，记忆图。

经过识图和若干次复述后，思维导图的脉络走向就比较清楚和熟悉了。此时就可以开始记忆图了。首先，从整幅图中剥离出图像的框架，在脑海中浮现这个框架并逐渐细化，从整体上把握图形。其次，训练自己的想象力：如果没有曲线，这个图会怎么样？如果只有关键图符，这个图又会怎么样？加入文字后又会怎么样？最后，闭上眼睛时脑海里能比较清晰地浮现出这幅图像，记忆图就完成了。注意：这个过程就是在训练你的右脑！

第四步，背诵课文。

一边回想图像，一边发出声音来背诵课文，背不下来时可以看看图形。当背得一字不差时，便大功告成了。

以上四个步骤可以重叠、交叉、反复。短课文一般反复几次就能完成，对于特别长的课文，更需要遵从"总体把握，局部突破"的原则。如果要求不高，记忆图时可以马虎一点，甚至可以跳过。看着思维导图或纯思维导图（指不带文字的思维导图）能够流利地复述课文就可以了。当多次复述课文、对思维导图较为熟悉后，记住它应该是水到渠成的事；也可以先把各个局部背下来，然后再贯通背诵。

二十二、情景联想法

定义和特点

联想和记忆有着密切的关系，联想是最重要的记忆方法之一。适当地利用联想记忆法，对增进记忆力有很大的帮助。记忆达人张泽惠告诉大家，如何可以提升自己的联想记忆水平。

第一，接近联想法。指的是两种事物之间在空间和时间上同步或接近，然后在此基础上建立起一种联想的方式。有时候我们很熟悉一个单词，用的时候一下子却想不起来了，可是仍记得这个单词在书本的大概位置，我们就可以想一下它前面是什么单词，后面是什么单词，这样持续的联想，对想起这个单词有很大的帮助，这就是在空间上建立起了一种联想。

第二，相似联想法。一个事物和另一个事物类似时，往往看到这个事物就会联想到另一个事物。相似联想突出了事物之间的相似性和共同的性质、特征。比如我国唐代以后出现的五代十国，五代是指907年唐朝灭亡后依次更替的位于中原地区的五个政权，即后梁、后唐、后晋、后汉与后周，记起来比较麻烦，顺序也会颠倒。我们如果用"粮糖浸好酒"来代替则很容易记忆。这个方法类似我们的谐音记忆法。

第三，对比联想法。一个事物想到它具有相反特征的方法。就是通过对各种事物进行比较，抓住其特有的性质，从而帮助我们增强记忆力。由大可以想到小，由温暖想到寒冷等。

在日常学习过程中，要通过大量的联想来提升记忆力。当一个人想记住一些事物，他就会用自己的想象力把这些情景和图像储存在心里。在需要用的时候，通过联想就会唤醒这些情景和图像，这就是一种联想的能力。

联想是记忆的重要手段，能够强化记忆。在记忆和学习新事物时，要善于想象，充分发挥联想的力量。联想反复使用，次数越多越不容易忘记，比如小时候学的乘法口诀，现在依然印在每个人的脑海里。我们应该积极、主动、充分发挥联想在记忆力中的作用，以提高记忆的水平。

通过对应联想法，可以把任何两个有关联或者无关联的信息紧紧地联结起来。例如要把苹果与狗联系起来，就可以通过对应联想法，想象一个又红又大的苹果，狠狠地砸在了一条狗的头上；或者想象一条狗在有滋有味地吃苹果等。通过对应联想，苹果这个图像就与狗这个图像联结在一起了。这样当我们想到苹果的时候，马上就能够想起狗；或者想到狗的时候，马上就能想起苹果。

对应联想法是在两个信息之间进行联想，因此也有人把这种方法称为"配对联想法"。对应联想的方法非常灵活，两个信息或者两个图像摆在你面前，无论怎样发挥想象都可以，只要把这两个信息或图像紧密地联结起来就可以了。

举个例子：用对应联想法分别联结以下几对词语：

沙发——仙鹤、球拍——病人、耳环——喇叭、鸡蛋——荷花。

（1）沙发——仙鹤。对于这两个词语可以这样想象：一个又黑又重的沙发压在仙鹤的身上，仙鹤拼命展翅也飞不起来。

（2）球拍——病人。可以想象为：一个球拍从上面飞快地打下来，把正在打针的病人打晕了。

（3）耳环——喇叭。把两个耳环往喇叭口上一放，这个喇叭就自动吹出了优美的曲调。

（4）鸡蛋——荷花。有几个鸡蛋在荷花的红色花瓣间上蹿下跳。

再如《少年闰土》节选

深蓝的天空中挂着一轮金黄的圆月，下面是海边的沙地，都种着一望无际的碧绿的西瓜。其间有一个十一二岁的少年，项带银圈，手捏一柄钢叉，向一匹猹尽力地刺去。那猹却将身一扭，反从他的胯下逃走了。

具体使用方法

一、使用原则

情景联想法的想象要遵守以下几个原则：

第一，想象必须具体、鲜明、生动。对于图像的想象，要有鲜明的颜色、动作，甚至要伴随声音，如此，图像才会显得生动，不易忘记。只有图像都具体、鲜明、生动，串联起来的画面才会生动，给人留下深刻的印象。例如"一只仙鹤跷着二郎腿坐在沙发上"，虽然仙鹤坐在沙发上本身就已经比较夸张了，但如果在想象中让仙鹤像人一样跷着二郎腿坐着，翅膀像人的手一样往两边一扶，动作就非常鲜明、生动了，也更容易过目不忘。

第二，想象要尽可能地夸张、荒诞，以利于加强记忆。对记忆信息的想象，不但要鲜明、生动，还要尽量夸张、荒诞。因为夸张、荒诞的画面或者动作，会让人的记忆倍加深刻，而平淡无奇的画面则相对容易被忘记。例如，对于"勺子"与"咖啡"的联想，按照常规，可能会想象为"用勺子去舀咖啡"。可是这样的联想不够夸张，记忆效果不会太好。如果想象为"勺子在咖啡中跳舞"，记忆效果就会好很多。

第三，尽可能把两个图像直接联结在一起，不要出现太多无关的内容。信息与信息之间的联结应尽可能简洁，尽量不要借助其他事物，最好让两个相连信息所代表的画面直接接触，避免其他无关信息对记忆进行干扰。例如，球拍把病人打晕了，不用想象谁拿着球拍，不需要想为什么要打晕，直接就想象球拍打晕的图像，这样的画面中只有"球拍"与"病人"两个信息，不会混进其他信息。

当然为了更清晰地想象图像，可以稍微想一下白色服装和特别的帽子，甚至可以戴上口罩、拿着针筒，这些都是为了加强"病人"的印象，而不是无关的信息。

几乎所有的高级记忆方法都是以情景联想法为基础组合而成的。例如在记忆《三十六计》的时候，如记忆第一计"瞒天过海"，首先要用情景联想法把数字1与"树"联结起来；其次再用情景联想法把"树"与"瞒天过海"这组图像联结起来。

使用"编故事"的方法来记忆英语单词的时候，首先要把一个单词分成几个小部分，然后每部分再用情景联想法与相应的信息进行联结，最后通过故事把这些信息全部联结起来。而情景联想法的进一步延伸，就是把两个以上的信息联结起来，也就是运用想象来对两个以上的信息进行联结。

当记忆信息量多于两个的时候，需要多次运用情景联想法，把记忆信息一个接一个地联结在一起，形象地说就是把记忆信息一个个地串起来。情景联想法经常用在需要记住数个甚至数十个词语的情况中。

二、练习
1.用情景联想法记住以下这20组词语

花园、海滩、兔子、太阳、小草、森林、贝壳、台灯、蚱蜢、电脑
小鸟、玫瑰、房子、波浪、大树、椅子、狐狸、海豚、窗户、蝴蝶

把这20组词语归为四大类：房子里的物品、花园里的动植物、森林里的情景以及海滩上看到的情景。

房子：椅子、电脑、台灯、窗户；
花园：小草、玫瑰、蝴蝶、蚱蜢；
森林：狐狸、兔子、大树、小鸟；
海滩：贝壳、海豚、波浪、太阳。

经过这样的归类，就容易记一些了。

但是如果还是用死记硬背的方法去记，同样会有一点难度且比较容易忘记。如果采用情景联想法来进行记忆，只要联想一遍，就能牢牢地记住。可以这样来进行情景想象：

我住在一个房子里，坐在椅子上玩着电脑，房子里比较暗，因此电脑旁边还亮着台灯。我玩累了，走到窗户边透一透气，然后我又走进花园里，看到了花园里长满了绿油油的小草，一片绿色小草中间有一枝红红的玫瑰，玫瑰上空有几只漂亮的蝴蝶在飞舞，而旁边则不时地跳起几只蚱蜢。我穿过花园，走进了一片森林，看到有一只狐狸在前边追赶着一只兔

子,兔子跳到一棵大树后面躲了起来,结果把树上的几只小鸟惊飞了。穿过森林就是一片大海,我走在海滩上,脚下踩着五颜六色的贝壳。我看到几只海豚在大海中追逐着波浪,太阳照在波浪上映出一片醉人的金色。

通过对这几个场景进行连续的想象,我们不但轻松地就记住了这20个词语,而且也在想象中经历了一次难忘的散步旅程,身心都得到了放松。

这样的记忆,难道不是一件非常美好的事情吗?当然,许多时候需要我们记住的资料都不会这样有趣,不会刚好能串成一个美好的故事。但是只要充分发挥想象力,记住任何资料都是轻而易举的事情。

2. 记忆十二星座

水瓶座、双鱼座、白羊座、金牛座、双子座、巨蟹座
狮子座、处女座、天秤座、天蝎座、射手座、魔羯座

运用情景联想法可以这样想象:

从一个水瓶(水瓶座)里游出了两条鱼(双鱼座),结果它们一游出来就游到了白羊(白羊座)的肚子里了。这时一头很大很重的金牛(金牛座),一脚把山羊踩扁了,这两条鱼从白羊的肚子里被挤了出来,变成了两个小孩子(双子座)。接着一只巨大的蟹(巨蟹座)用它那两个大钳子钳住这两个小孩的屁股,钳得他们哇哇大哭。这时一只狮子(狮子座)张开它的血盆大口,一口把巨蟹咬成两半。再一看,狮子身上坐着一个美丽的少女(处女座),少女的头上顶着一个天平(天秤座),天平上掉下来一只蝎子(天蝎座),想要去咬少女美丽的脸蛋。说时迟那时快,突然出现了一个射手(射手座)坐在一只山羊上(山羊座,即魔羯座),一箭就把这只蝎子射死了,少女得救了。

下篇
记忆经典练习

精准记忆——每个人都要掌握的高效记忆法

一、文章记忆

记忆步骤：
一、通读需要记忆的文章（2到3遍）
二、划分句子，标上序号
三、找出每句关键词，与地点进行联结记忆
四、通读原文进行对照修正还原
举例：现代文背诵

盼望着，盼望着，东风来了，春天的脚步近了。

一切都像刚睡醒的样子，欣欣然张开了眼。山朗润起来了，水涨起来了，太阳的脸红起来了。

小草偷偷地从土里钻出来，嫩嫩的，绿绿的。园子里，田野里，瞧去，一大片一大片满是的。坐着，躺着，打两个滚，踢几脚球，赛几趟跑，捉几回迷藏。风轻悄悄的，草软绵绵的。

桃树、杏树、梨树，你不让我，我不让你，都开满了花赶趟儿。红的像火，粉的像霞，白的像雪。花里带着甜味儿；闭了眼，树上仿佛已经满是桃儿、杏儿、梨儿。花下成千成百的蜜蜂嗡嗡地闹着，大小的蝴蝶飞来飞去。野花遍地是：杂样儿，有名字的，没名字的，散在草丛里，像眼睛，像星星，还眨呀眨的。

"吹面不寒杨柳风"，不错的，像母亲的手抚摸着你。风里带来些新翻的泥土的气息，混着青草味儿，还有各种花的香，都在微微润湿的空气里酝酿。鸟儿将巢安在繁花嫩叶当中，高兴起来了，呼朋引伴地卖弄清脆的喉咙，唱出宛转的曲子，与轻风流水应和着。牛背上牧童的短笛，这时候也成天嘹亮地响着。

雨是最寻常的，一下就是三两天。可别恼。看，像牛毛，像花针，像细丝，密密地斜织着，人家屋顶上全笼着一层薄烟。树叶儿却绿得发亮，小草儿也青得逼你的眼。傍晚时候，上灯了，一点点黄晕的光，烘托出一片安静而和平的夜。在乡下，小路上，石桥边，有撑起伞慢慢走着的人，地里还有工作的农民，披着蓑戴着笠。他们的房屋，稀稀疏疏的，在雨里静默着。

天上风筝渐渐多了，地上孩子也多了。城里乡下，家家户户，老老小小，也赶趟儿似的，一个个都出来了。舒活舒活筋骨，抖擞抖擞精神，各做各的一份事去。"一年之计在于春"，刚起头儿，有的是工夫，有的是希望。

春天像刚落地的娃娃，从头到脚都是新的，它生长着。

春天像小姑娘，花枝招展的，笑着，走着。

春天像健壮的青年，有铁一般的胳膊和腰脚，领着我们上前去。

——节选朱自清《春》

分析：

①雨是最寻常的，一下就是三两天。可别恼。②看，像牛毛，像花针，像细丝，密密地斜织着。③人家屋顶上全笼着一层薄烟。④树叶儿却绿得发亮，小草儿也青得逼你的眼。⑤傍晚时候，上灯了，一点点黄晕的光，烘托出一片安静而和平的夜。⑥在乡下，小路上，石桥边，有撑起伞慢慢走着的人。⑦地里还有工作的农民，披着蓑戴着笠。⑧他们的房屋，稀稀疏疏的，在雨里静默着。

二、《三十六计》记忆

《三十六计》或称三十六策，是指中国古代36个兵法策略，语源于南北朝，成书于明清。它是根据中国古代军事思想和丰富的战争经验总结而成的兵书，是中华民族悠久文化遗产之一。

《三十六计》内容：

第1计 瞒天过海　　第2计 围魏救赵　　第3计 借刀杀人
第4计 以逸待劳　　第5计 趁火打劫　　第6计 声东击西
第7计 无中生有　　第8计 暗度陈仓　　第9计 隔岸观火
第10计 笑里藏刀　　第11计 李代桃僵　　第12计 顺手牵羊
第13计 打草惊蛇　　第14计 借尸还魂　　第15计 调虎离山
第16计 欲擒故纵　　第17计 抛砖引玉　　第18计 擒贼擒王
第19计 釜底抽薪　　第20计 浑水摸鱼　　第21计 金蝉脱壳
第22计 关门捉贼　　第23计 远交近攻　　第24计 假道伐虢
第25计 偷梁换柱　　第26计 指桑骂槐　　第27计 假痴不癫
第28计 上屋抽梯　　第29计 树上开花　　第30计 反客为主
第31计 美人计　　　第32计 空城计　　　第33计 反间计
第34计 苦肉计　　　第35计 连环计　　　第36计 走为上计

三十六计本身内容不算多，普通人如果要死记硬背下来也不是难事，但是如何一遍就记下来和做到随意背诵就非常难了，不然如果遇到有人提问诸如第16计或者第24计是什么？就答不上来了。接下来我就以1到36

计为例：

（1）瞒天过海。1 的代码是蜡烛，我们可以想象有个人点着蜡烛偷偷地瞒着天过海。

（2）围魏救赵。2 的代码是鸭子，有个将军率领一群鸭子去围住魏国救一个姓赵的人。

（3）借刀杀人。3 的代码是耳朵，有个人借了一把刀去杀人，没杀成就把那个人的耳朵割下来了。

（4）以逸待劳。4 的代码是帆船，有个人躺在帆船上在海里晒太阳以自己的安逸等待着别人辛劳的成果。

（5）趁火打劫。5 的代码是钩子，趁着发生了火灾拿着一把钩子去打劫。

（6）声东击西。6 的代码是勺子，拿着勺子东边敲一下，西边敲一下。

（7）无中生有。7 的代码是镰刀，拿着镰刀割掉了一条蜈蚣，蜈蚣里面冒出来很多油。

（8）暗度陈仓。8 的代码是眼镜，想象有个人在漆黑的夜晚，戴着眼镜偷偷地潜水渡到一个叫陈仓的地方去。

（9）隔岸观火。9 的代码是哨子，对岸发生了火灾，大家隔着岸看着，然后消防队长把哨子一吹，所有人一起过去救火。

（10）笑里藏刀。10 的代码是棒球，棒球比赛时，选手之间表面上互相笑，其实心里是想打败对方的。

（11）李代桃僵。11 的代码是梯子。你爬上梯子从袋子里拿出李子和桃子打僵尸。

（12）顺手牵羊。12 的代码是椅儿。一只羊坐在一把椅子上，你回去时顺手牵着羊回家了。

（13）打草惊蛇。13 的代码是医生。有一个医生拿着一把手术刀对着一堆草乱打，把一条正在草丛里睡觉的蛇惊醒并吓得爬了出来。想到 13 时，就会想到医生，医生在"打草惊蛇"。

（14）借尸还魂。14的代码是钥匙。想象一把有魔力的钥匙，可以用它来召唤人的灵魂，借着钥匙的魔力可以让一个死人还魂。当想到14时，就想到钥匙，借钥匙的魔力就可以让人还魂，你当然能想到"借尸（匙）还魂"。

（15）调虎离山。15的代码是鹦鹉。有一只鹦鹉力大无比，它把一只老虎叼离了原来的山。

（16）欲擒故纵。16的代码是石榴。鹅最喜欢吃石榴，为了擒住它就用石榴激发它的欲望，进入圈套，所以叫欲擒故纵。

（17）抛砖引玉。17的代码是仪器。我们用一种奇怪的仪器可以测出，在矿山哪个地方抛出砖头就可以引出很多美玉。这样想到17就会想到仪器，用仪器能测量出在矿山的哪个地方可以"抛砖引玉"。

（18）擒贼擒王。18的代码是腰包。有一个贼王，用挂在腰上的腰包，干尽了坏事，为了让他投降，就抢过他的腰包，所以擒贼擒王。

（19）釜底抽薪。19的代码是衣钩。有人要用"釜"（斧）头刺杀蜡笔小新，我用衣钩把他救了出来。

（20）浑水摸鱼。20的代码是香烟。有个人把香烟丢到水里，把水弄浑浊了，想趁着水浑浊时偷偷摸几条鱼出来。

（21）金蝉脱壳。21的代码是鳄鱼。有一只金黄色的蝉在睡觉，鳄鱼正要去吃它，结果跑了，只剩下一层壳。

（22）关门捉贼。22的代码是双胞胎。家里不小心进了贼，两兄弟一人堵住前门，一人堵住后门，就可以联想到"关门捉贼"。

（23）远交近攻。23的代码是和尚。有一个和尚喜欢去远处交朋友，也喜欢跟近处的人打架，所以叫远交近攻。

（24）假道伐虢。24的代码是闹钟。有一个美女带着她的嫁妆、闹钟，一起嫁到法国去了，所以用谐音就是假道伐虢。

（25）偷梁换柱。25的代码是二胡。有个小偷很会拉二胡，而且琴声能催眠，当听到他拉二胡的声音时，你要小心了，他可能要偷你的房梁了。想到拉二胡的小偷也就联想到"偷梁换柱"了。

（26）指桑骂槐。26 的代码是河流。有一个人喜欢站在河流中间，指着桑树骂槐树。想到河流，就想起了"指桑骂槐"。

（27）假痴不癫。27 的代码是耳机。不小心买了副假的耳机，想拿去换，没想到卖耳机的那个人装疯卖傻，假装痴癫。想到耳机就想到卖耳机的那人"假痴不癫"。

（28）上屋抽梯：28 的代码是恶霸。恶霸真的很坏，我们一爬上屋顶，他就把我们的梯子拿掉了。想到恶霸干坏事，把我们的梯子抽了，就联想到"上屋抽梯"。

（29）树上开花。29 的代码是饿囚。一个饿囚实在饿得不行，直接跑到树上把花全都吃完了。

（30）反客为主。30 的代码是三轮车。你骑着别人的三轮车带着他回家，就以为是自己的三轮车一样的。

（31）美人计。31 的代码是鲨鱼。我们班上的美女都是骑着鲨鱼来上学的。

（32）空城计。32 的代码是扇儿。《三国演义》中，诸葛亮拿着一把羽毛扇子，站在城楼上，然后唱着"空城计"。

（33）反间计。33 的代码是闪闪。看到有一个闪闪发光的东西在我们的房间（反间）里面，非常漂亮。想到闪闪发光的东西在我们房间，就会想到"反间计"。

（34）苦肉计。34 的代码是三丝。忘记带饭盒了，我用三丝把肉包起来，结果肉变得非常苦。

（35）连环计。35 的代码是山虎。一群山虎手牵手连在一起准备战斗，所以叫连环计。

（36）走为上计。36 的代码是山鹿。在户外爬山的时候，我们在山底下走着，有一群山鹿在山顶跟着我们走，想到山鹿在我们的上面走时，就能想到"走为上计"。

三、《百家姓》记忆

记忆过程分为三步：

第一步：将百家姓分成36行。

第二步：以36个数字做桩挂钩36行首字。

第三步：对应联想串联故事记忆：（适合自己的地方语言易勾起回忆及转码）。

第四步：定位记忆。

第一步：百家姓拆分记忆方法

1. 赵钱孙李周吴郑王冯陈褚卫蒋沈韩杨
2. 朱秦尤许何吕施张孔曹严华金魏陶姜
3. 戚谢邹喻柏水窦章云苏潘葛奚范彭郎
4. 鲁韦昌马苗凤花方俞任袁柳酆鲍史唐
5. 费廉岑薛雷贺倪汤滕殷罗毕郝邬安常
6. 乐于时傅皮卞齐康伍余元卜顾孟平黄
7. 和穆萧尹姚邵堪汪祁毛禹狄米贝明臧
8. 计伏成戴谈宋茅庞熊纪舒屈项祝董梁
9. 杜阮蓝闵席季麻强贾路娄危江童颜郭
10. 梅盛林刁钟徐邱骆高夏蔡田樊胡凌霍
11. 虞万支柯昝管卢莫经房裘缪干解应宗
12. 丁宣贲邓郁单杭洪包诸左石崔吉钮龚
13. 程嵇邢滑裴陆荣翁荀羊於惠甄曲家封

14. 芮羿储靳汲邴糜松井段富巫乌焦巴弓
15. 牧隗山谷车侯宓蓬全郗班仰秋仲伊宫
16. 宁仇栾暴甘钭厉戎祖武符刘景詹束龙
17. 叶幸司韶郜黎蓟薄印宿白怀蒲台从鄂
18. 索咸籍赖卓蔺屠蒙池乔阴郁胥能苍双
19. 闻莘党翟谭贡劳逄姬申扶堵冉宰郦雍
20. 郤璩桑桂濮牛寿通边扈燕冀郏浦尚农
21. 温别庄晏柴瞿阎充慕连茹习宦艾鱼容
22. 向古易慎戈廖庚终暨居衡步都耿满弘
23. 匡国文寇广禄阙东殴殳沃利蔚越夔隆
24. 师巩厍聂晁勾敖融冷訾辛阚那简饶空
25. 曾毋沙乜养鞠须丰巢关蒯相查后荆红
26. 游竺权逯盖益桓公万俟司马上官欧阳
27. 夏侯诸葛闻人东方赫连皇甫尉迟公羊
28. 澹台公冶宗政濮阳淳于单于太叔申屠
29. 公孙仲孙轩辕令狐钟离宇文长孙慕容
30. 鲜于闾丘司徒司空亓官司寇仉督子车
31. 颛孙端木巫马公西漆雕乐正壤驷公良
32. 拓跋夹谷宰父谷梁晋楚闫法汝鄢涂钦
33. 段干百里东郭南门呼延归海羊舌微生
34. 岳帅缑亢况后有琴梁丘左丘东门西门
35. 商牟佘佴伯赏南宫墨哈谯笪年爱阳佟
36. 第五言福百家姓终

171

第二步：对应超级记忆馆数字转化编码

1——衣	13——雨伞	25——二胡
2——耳	14——钥匙	26——二流
3——山	15——鹦鹉	27——耳机
4——寺	16——窑炉	28——恶霸
5——舞	17——仪器	29——爱酒
6——柳	18——腰包	30——三菱
7——棋	19——药酒	31——鲨鱼
8——发	20——恶灵	32——扇儿
9——酒	21——鳄鱼	33——闪闪
10——衣领	22——鹅鹅	34——绅士
11——姨姨	23——耳塞	35——山屋
12——婴儿	24——饿死	36——山路

第三步：对应联想串联记忆

1.（衣）赵（zhào）钱（qián）孙（sūn）李（lǐ）

周（zhōu）吴（wú）郑（zhèng）王（wáng）

冯（féng）陈（chén）褚（chǔ）卫（wèi）

蒋（jiǎng）沈（shěn）韩（hán）杨（yáng）

场景：老赵的衣服里一分钱也没有，只好带着孙子去摘李子卖，结果在周五累得阵亡了，家人风风尘尘地跟到厨卫间找解药，抢走了蒋婶嘴里含着的杨梅。

2.（耳）朱（zhū）秦（qín）尤（yóu）许（xǔ）

何（hé）吕（lǚ）施（shī）张（zhāng）

孔（kǒng）曹（cáo）严（yán）华（huá）

金（jīn）魏（wèi）陶（táo）姜（jiāng）

场景：八戒吃了猪耳朵，勤快得尤如许仙一样，和驴市长一起陪孔夫子、曹操去放烟花，吓得警卫都跳江了。

3.（山）戚（qī）谢（xiè）邹（zōu）喻（yù）

柏（bǎi）水（shuǐ）窦（dòu）章（zhāng）

云（yún）苏（sū）潘（pān）葛（gě）

奚（xī）范（fàn）彭（péng）郎（láng）

场景：妻子在山上感谢周瑜，吃了碗稀饭喝了杯水就头涨起来，原来是运输队长潘哥搞的鬼，在稀饭里加了红糖。

4.（寺）鲁（lǔ）韦（wéi）昌（chāng）马（mǎ）

苗（miáo）凤（fèng）花（huā）方（fāng）

俞（yú）任（rén）袁（yuán）柳（liǔ）

酆（fēng）鲍（bào）史（shǐ）唐（táng）

场景：少林寺门前芦苇中有一匹会唱歌的马，上面坐着一位苗族姑娘，头上戴着凤冠，将鲜花撒向四方，真是美极了，一个愚人像猿人一样躲在柳树上偷看，风暴一来，像坨屎一样跌倒在池塘里！

5.（舞）费（fèi）廉（lián）岑（cén）薛（xuē）

雷（léi）贺（hè）倪（ní）汤（tāng）

滕（téng）殷（yīn）罗（luó）毕（bì）

郝（hǎo）邬（wū）安（ān）常（cháng）

场景：张牙舞爪的狒狒把自己脸上抓了一层血，泪水和着泥巴汤，狒狒还做了个腾云落地的姿势，同时还发现远处好多房屋都有暗窗。

6.（柳）乐（lè）于（yú）时（shí）傅（fù）

皮（pí）卞（biàn）齐（qí）康（kāng）

伍（wǔ）余（yú）元（yuán）卜（bǔ）

顾（gù）孟（mèng）平（píng）黄（huáng）

场景：柳树下一个教粤语的师傅用皮鞭抽打汽缸，抽累了用乌鱼圆子补身体，因为还要照顾孟母住的平房。

7.（棋）和（hé）穆（mù）萧（xiāo）尹（yǐn）姚（yáo）邵（shào）堪（kān）汪（wāng）祁（qí）毛（máo）禹（yǔ）狄（dí）米（mǐ）贝（bèi）明（míng）臧（zāng）

场景：下棋的时候要做到和睦才能消除隐患，要少占王位，在棋还没有遇到敌人时，先将大米、宝贝明珠隐藏起来。

8.（发）计（jì）伏（fú）成（chéng）戴（dài）谈（tán）宋（sòng）茅（máo）庞（páng）熊（xióng）纪（jì）舒（shū）屈（qū）项（xiàng）祝（zhù）董（dǒng）梁（liáng）

场景：继父成天戴着假发谈论宋朝时的茅棚有多高，引起雄鸡的不满老诉委屈，想主动去量量。

9.（酒）杜（dù）阮蓝（ruǎnlán）闵（mǐn）席（xí）季（jì）麻（má）强（qiáng）贾（jiǎ）路（lù）娄（lóu）危（wēi）江（jiāng）童（tóng）颜（yán）郭（guō）

场景：喝酒喝到肚子都软了的难民，专门袭击手拿马枪的人，贾岛跳到路边芦苇中看到江边好多儿童藏在盐锅里。

10.（衣领）梅（méi）盛（shèng）林（lín）刁（diāo）钟（zhōng）徐（xú）丘（qiū）骆（luò）高（gāo）夏（xià）蔡（cài）田（tián）樊（fán）胡（hú）凌（líng）霍（huò）

场景：从衣领里掏了把梅花撒在茂盛的林子里，一只大雕终于在秋天落在高高的大厦旁的菜田里，它闻到饭湖和衣领着火的味道。

11.（姨姨）虞（yú）万（wàn）支（zhī）柯（kē）昝（zǎn）管（guǎn）卢（lú）莫（mò）

经（jīng）房（fáng）裘（qiú）缪（miào）

干（gàn）解（xiè）应（yìng）宗（zōng）

场景：姨姨想用鱼丸汤止渴，暂时关掉驴磨，向警方求妙计，真的要感谢营长。

12.（婴儿）丁（dīng）宣（xuān）贲（bēn）邓（dèng）

郁（yù）单（shàn）杭（háng）洪（hóng）

包（bāo）诸（zhū）左（zuǒ）石（shí）

崔（cuī）吉（jí）钮（niǔ）龚（gōng）

场景：丁宣生了个笨蛋婴儿，拿着玉扇去杭州抗洪，抱住河左岸的石头，石头里跑出村鸡、牛和许多蜈蚣。

13.（雨伞）程（chéng）嵇（jī）邢（xíng）滑（huá）

裴（péi）陆（lù）荣（róng）翁（wēng）

荀（xún）羊（yáng）於（yū）惠（huì）

甄（zhēn）曲（qū）家（jiā）封（fēng）

场景：打着雨伞读书，方法不对成绩一路下滑，只得赔上一些鹿茸向老翁请教，老翁告诉他要去寻找一朵洋芋的花卉吃了，争取考试加封晋级。

14.（钥匙）芮（ruì）羿（yì）储（chǔ）靳（jìn）

汲（jí）邴（bǐng）糜（mí）松（sōng）

井（jǐng）段（duàn）富（fù）巫（wū）

乌（wū）焦（jiāo）巴（bā）弓（gōng）

场景：钥匙带领家族锐意斗争的处境不妙，引来很多疾病把命送了，主人用锦衣绸缎服务伺候，他一高兴就把锁开坏了，导致没法睡午觉，就罢工了。

15.（鹦鹉）牧（mù）隗（wěi）山（shān）谷（gǔ）

车（chē）侯（hóu）宓（mì）蓬（péng）

全（quán）郗（xī）班（bān）仰（yǎng）

秋（qiū）仲（zhòng）伊（yī）宫（gōng）

场景：鹦鹉的母亲是山谷之王，乘坐的车子后面都是用厚密的篷布覆盖，全是一半一半的羊肉，到仲秋的时候一共才只吃了几块。

16.（窑炉）宁（níng）仇（qiú）栾（luán）暴（bào）

甘（gān）斜（dǒu）厉（lì）戎（róng）

祖（zǔ）武（wǔ）符（fú）刘（liú）

景（jǐng）詹（zhān）束（shù）龙（lóng）

场景：窑炉工宁愿到外面去寻求元宝，也不愿在里面用干豆粒和绒毛度日子，画了道子午符留下就走了，如此技艺精湛的师傅属龙。

17.（仪器）叶（yè）幸（xìng）司（sī）韶（sháo）

郜（gào）黎（lí）蓟（jì）薄（bó）

印（yìn）宿（sù）白（bái）怀（huái）

蒲（pú）台（tái）从（cóng）鄂（è）

场景：在仪器搞研究这种有野心的事上，靠力气单薄的人不行，硬是徘徊在蒲台外也不从恶。

18.（腰包）索（suǒ）咸（xián）籍（jí）赖（lài）

卓（zhuó）蔺（lìn）屠（tú）蒙（méng）

池（chí）乔（qiáo）阴（yīn）郁（yù）

胥（xū）能（néng）苍（cāng）双（shuāng）

场景：所限于寄来的腰包很少，着令屠夫再去蒙骗一个来，他刚走到池塘的桥边碰上阴雨天不敢前往，原来看到伍子胥轮廓清晰地、一脸沧桑地站在那里。

19.（药酒）闻（wén）莘（shēn）党（dǎng）翟（dí）

谭（tán）贡（gòng）劳（láo）逄（páng）

姬（jī）申（shēn）扶（fú）堵（dǔ）

冉（rǎn）宰（zǎi）郦（lì）雍（yōng）

场景：手里提着药酒还文身的当地人栽了个跟头，用弹弓射打牢棚，虞姬伸手扶着他还堵着他嘴说不能再喝了,可是他愿意挨宰和被人利用。

20.（恶灵）郤（xì）璩（qú）桑（sāng）桂（guì）

濮（pú）牛（niú）寿（shòu）通（tōng）

边（biān）扈（hù）燕（yàn）冀（jì）

郏（jiá）浦（pǔ）尚（shàng）农（nóng）

场景：恶灵演戏剧栽桑桂，濮牛手痛，看蝙蝠飞行演技不错，他家谱上是一个桑农。

21.（鳄鱼）温（wēn）别（bié）庄（zhuāng）晏（yàn）

柴（chái）瞿（qú）阎（yán）充（chōng）

慕（mù）连（lián）茹（rú）习（xí）

宦（huàn）艾（ài）鱼（yú）容（róng）

场景：鳄鱼吻别村庄的燕子，拆去烟囱，家里只有几个木莲，真是一贫如洗，他只得去贩卖羽绒服了。

22.（鹅鹅）向（xiàng）古（gǔ）易（yì）慎（shèn）

戈（gē）廖（liào）庾（yǔ）终（zhōng）

暨（jì）居（jū）衡（héng）步（bù）

都（dōu）耿（gěng）满（mǎn）弘（hóng）

场景：鹅鹅炖香菇准备易肾，再搁俩榆树的种子，再放入寄居蟹，很补，吃完让人都更加满面通红。

23.（耳塞）匡（kuāng）国（guó）文（wén）寇（kòu）

广（guǎng）禄（lù）阙（què）东（dōng）

殴（ōu）殳（shū）沃（wò）利（lì）

蔚（wèi）越（yuè）夔（kuí）隆（lóng）

场景：诳骗国家的是一个贩卖耳塞的文人贼寇，他说去广东，却去了山东，被人殴打，拖到鸟窝里，谓曰：亏喽，亏喽！

24.（饿死）师（shī）巩（gǒng）厍（shè）聂（niè）

晁（cháo）勾（gōu）敖（áo）融（róng）

冷（lěng）訾（zǐ）辛（xīn）阚（kàn）

那（nà）简（jiǎn）饶（ráo）空（kōng）

场景：不想饿死的师公去射猎，晁盖帮忙熬熔猎物，他冷得发紫，辛苦地看护，师公简直是在搞遥控啊！

25.（二胡）曾（céng）毋（wú）沙（shā）乜（niè）

养（yǎng）鞠（jū）须（xū）丰（fēng）

巢（cháo）关（guān）蒯（kuǎi）相（xiāng）

查（chá）后（hòu）荆（jīng）红（hóng）

场景：二胡美妙的声音使晨雾里沙雁哽咽，羊鞠躬，胡须随风飘动，倾巢出动的关里人快步奔走相告，经查实后来发现，路面上到处都是留下的金红的遗失物品。

26.（二流）游（yóu）竺（zhú）权（quán）逯（lù）

盖（gài）益桓（huán）公（gōng）

万俟（mò qí）司马（sī mǎ）

上官（shàng guān）欧阳（ōu yáng）

场景：二流子砍了一些油竹，全是绿色的，送了一根给齐桓公，然后骑着死马去追，哪里赶得上当了大官的欧阳峰。

27.（耳机）夏侯（xià hóu）诸葛（zhū gě）

闻人（wén rén）东方（dōng fāng）

赫连（hè lián）皇甫（huáng fǔ）

尉迟（yù chí）公羊（gōng yáng）

场景：带着耳机瞎吼吓走了诸葛亮，文人嘛，不应该像东方不败吆喝黄埔军校一样吗？欲吃公羊肉，就叫服务员嘛。

28.（恶霸）澹台（tán tái）公冶（gōng yě）

宗政（zōng zhèng）濮阳（pú yáng）

淳于（chún yú）单于（chán yú）

太叔（tài shū）申屠（shēn tú）

场景：恶霸吃蛋挞的时候噎着了，中央（宗政濮阳）派大嘴唇的单于去治病，但是赶车的大叔因为是屠夫出身赶车太慢。

29.（爱酒）公孙（gōng sūn）仲孙（zhòng sūn）

轩辕（xuān yuán）令狐（lìng hú）

钟离（zhōng lí）宇文（yǔ wén）

长孙（zhǎng sūn）慕容（mù róng）

场景：爱酒的公孙和仲孙跑到轩辕门外找令狐冲喝酒，碰到钟离拿着语文书要教长孙一些美容的方法。

30.（三菱）鲜于（xiān yú）闾丘（lú qiū）

司徒（sī tú）司空（sī kōng）

亓官（qí guān）司寇（sī kòu）

仉督（zhǎng dū）子车（zǐ chē）

场景：师徒俩驾着一辆三菱车，装着一车的鲜鱼泥鳅去拉关系，师徒俩问这次事情不会落空吧？一个长得奇怪的官员说靠得住，只是长督要租车子用一下。

31.（鲨鱼）颛孙（zhuān sūn）端木（duān mù）

巫马（wū mǎ）公西（gōng xī）

漆雕（qī diāo）乐正（lè zhèng）

壤驷（rǎng sì）公良（gōng liáng）

场景：农民卖不出鲨鱼只得装孙子端着木鱼敲，引来五匹马攻击，气得敲掉了殿堂上的乐钟，庙门上人们群声嚷讨公道。

32.（扇儿）拓跋（tuò bá）夹谷（jiá gǔ）

宰父（zǎi fù）谷梁（gǔ liáng）

晋楚（jìn chǔ）闫法（yán fǎ）汝鄢（rǔ yān）涂钦（tú qīn）

场景：扇儿上画着挺拔的峡谷，谷底一个父亲在种谷梁，谷梁收获后被送到楚国盐市上去卖，路上尽是如烟一样的花丛若隐若现，街道也像涂了青色颜料一样。

33.（闪闪）段干（duàn gàn）百里（bǎi lǐ）

东郭（dōng guō）南门（nán mén）

呼延（hū yán）归海（guī hǎi）

羊舌（yáng shé）微生（wēi shēng）

场景：闪闪模特儿当了干部走出城门百里的地方察看，看见东郭先生在南门口呼叫宴请大家回归大海，发现餐桌上羊舌不卫生。

34.（绅士）岳帅（yuè shuài）缑亢（gōu kàng）

况后（kuàng hòu）有琴（yǒu qín）

梁丘（liáng qiū）左丘（zuǒ qiū）

东门（dōng mén）西门（xī mén）

场景：绅士当上了岳家军元帅，扛着枪，去看门框后是否有琴，琴上画着高粱长在山丘上，山丘旁边有一座城池，东门和西门全部敞开。

35.（山屋）商牟（shāng móu）佘佴（shé nài）

伯赏（bó shǎng）南宫（nán gōng）

墨哈（mò hā）谯笪（qiáo dá）

年爱（nián ài）阳佟（yáng tóng）

场景：住在山屋里的商人谋得了一些蛇饵去卖，赚钱后商人拨赏银盖了一座南宫殿，工匠用墨斗敲打装修，粘上艾蒿，装裱上阳铜。

36.（山路）第五（dì wǔ）言福（yán fú）

百（bǎi）家（jiā）姓（xìng）终（zhōng）

场景：山鹿上骑着寿星老，在节日里，给人送来福气，手里还拿着百家姓谱！

第四步：定位记忆

除法定位：问第几个字是什么姓？用任意数除以16，商+1=行数，余数是列数。

第39个是什么姓？计算方法：39÷16=2……7；

这个姓是第 3 行 7 列的"窦"……

除的结果是整数，没有余数时，商是本行最后一个姓。在计算时要对 16 的倍数比较敏感，有助于除法快速运算，如对 16、32、48、64、80、96……有较强的敏感度。当一个数位于倍数之左时，可采取倍数减 1 的快速算法。如第 79 个字是什么姓，要马上联想到 80 是 16 的 5 倍，80 是第 5 行最后一个姓，79 就是 80 的前一个姓"安"。

问第几行几列是什么字时，要先根据编码定位法把记忆点回想起来，再把整句进行回想。如第 10 行第 1 个字是什么姓？根据 10 是衣领，相关联想回忆第 10 句的整句，知道第一个字为"梅"；第 8 个是"骆"。

精准记忆——每个人都要掌握的高效记忆法

四、中国地图记忆

记忆省份

中国目前有34个省级行政区,划分为23个省,4个直辖市,2个特别行政区,5个自治区。

23个省:湖南、湖北、广东、河南、河北、山东、山西、浙江、江苏、黑龙江、江西、云南、贵州、福建、吉林、安徽、四川、辽宁、青海、甘肃、陕西、台湾、海南。

2个特别行政区:澳门特别行政区、香港特别行政区。

4个直辖市:北京市、上海市、天津市、重庆市。

5个自治区:广西、内蒙古、西藏、新疆、宁夏。

中国地图像一只大雄鸡,可以把这只鸡砍为成六部分:鸡头、鸡背、鸡尾巴、鸡肚、鸡脚、鸡屁股。

鸡头最容易记,就是:黑龙江、吉林、辽宁。

鸡背只有一条,就是:内蒙古自治区。

鸡尾巴更简单,就是一个新疆。

鸡脚也很简单,就是台湾和海南。

难点是鸡肚和鸡屁股,省份太多太杂了。不过不要怕,我们有一个方法就是把鸡肚看成一个倒三角形和一个十字架,把鸡屁股看成一个长方形和一个正方形。

先来看鸡肚:

倒三角形:把广东省看成倒三角形最下面的角,把福建省、江西省、湖南省看成倒三角的腰,把湖北省、安徽省、浙江省看成倒三角的底线,这样就构成一个倒三角形了,香港、澳门也包含在其中。

十字架是指：把宁夏、陕西省、山西省、山东省、江苏省看成一横，再把河北省、河南省看成一竖，一横一竖构成一个十字。

我们把这个倒三角和十字架看成鸡肚，除开鸡头、鸡背、鸡尾巴、鸡肚、鸡脚，那么剩下来的我们就把它看成是鸡屁股啦。而鸡屁股我们又可以把它看成由一个长方形和一个正方形组成的！

长方形：把西藏自治区、青海省、甘肃省看成一个斜着的长方形。

正方形：把四川省、云南省、重庆市、贵州省、广西看成一个正方形。

精准记忆——每个人都要掌握的高效记忆法

五、中国历史朝代记忆歌诀

第一种
三皇五帝夏商周，秦汉三国两晋忧，
南北隋唐五代尽，宋元明清帝统休。

第二种
三皇五帝始
尧舜禹相传
夏商与西周
东周分两段
春秋和战国
一统秦两汉
三分魏蜀吴
两晋前后延
南北朝并立
隋唐五代传
宋元明清后
皇朝至此完

第三种

黄尧舜禹夏商周，
春秋秦汉又三国。
两晋南北隋唐起，

五代十国宋辽金，
元明清后皇朝止。

第四种
[中国香港版本] 第一首
炎黄虞夏商，周到战国亡，秦朝并六国，嬴政称始皇，
楚汉鸿沟界，最后属刘邦，西汉孕新莽，东汉迁洛阳，
末年黄巾出，三国各称王，西晋变东晋，迁都到建康，
拓跋入中原，国分南北方，北朝十六国，南朝宋齐梁，
南陈被隋灭，杨广输李唐，大唐曾改周，武后则天皇，
残皇有五代，伶官舞后庄，华歆分十国，北宋灭南唐，
金国俘二帝，南宋到苏杭，蒙主称大汗，最后被明亡，
明到崇祯帝，大顺立闯王，金田太平国，时适清道光，
九传至光绪，维新有康梁，换位至宣统，民国废末皇，
五四风雨骤，建国存新纲，抗日反内战，五星红旗扬。

第五种
[中国香港版本] 第二首
夏、商、周，
春秋、战国、秦。
西汉、新
公元界线平帝分，
东汉、三国、西东晋，
南、北朝，
隋、唐、五代、宋、辽、金，
元、明、清。
民国寿命短，
社会主义气象新。

以上约计四千二百春。
东西南北在中间,
齐楚秦燕赵魏韩。

第六种
[中国香港版本] 第三首
夏后殷商西东周,春秋战国秦皇收。
西汉东汉魏蜀吴,西晋东晋兼五胡。
匈奴羯氐羌慕容,拓跋代北后称雄。
宋齐梁陈是南朝,北魏齐周称北朝。
北周灭齐传于隋,隋又灭陈再统一。
隋灭唐兴称富强,五代十国各称王。
契丹兴起在北方,建号为辽入汴梁。
五代梁唐晋汉周,宋朝建国陈桥头。
女真建金先灭辽,打破汴京北宋消。
南宋偏安在江南,蒙古兴起国号元。
灭金灭宋归一统,元朝统治九十年。
明代共传十六君,满洲初起号后金。
后金国号改为清,入关称帝都北京。
人民觉悟革命起,清帝退位民国立。
人民民主再胜利,齐心奔向共产国。

第七种
盘古开天神话传,
三皇五帝数千年。
炎帝黄帝华夏祖,
尧舜禹王位让贤。

夏商西周奴隶制,
东周列国变封建。
秦汉统一开疆域,
三国纷争起战乱。
西晋东晋南北朝,
隋唐疆域又扩展。
五代十国闹割据,
宋辽夏金归大元。
明朝船队下西洋,
清朝锁国被破关。
民国内战加外战,
人民共和开新篇。

第八种

（中国香港中学生常用简易版本）
黄虞夏商周,春秋战国秦,
两汉三国晋,晋后南北分,
隋唐五代宋,元明清及民。

第九种

夏朝殷商与西周,
东周列国分两段,
春秋战国烽火起,
秦朝一统又两汉,
三国鼎立魏蜀吴,
西晋东晋前后传,
南朝北朝两并亡,
随唐一统后五代,

精准记忆——每个人都要掌握的高效记忆法

宋元明清九百年，
辛亥革命皇朝完。

第十种
夏商西周继，春秋战国承。
秦后西东汉，三国西东晋。
对峙南北朝，隋唐大一统。
五代和十国，宋辽与夏金。
元明清三朝，中国疆土定。

第十一种
唐尧虞舜夏商周，春秋战国乱悠悠。
秦汉三国晋统一，南朝北朝是对头。
隋唐五代又十国，宋元明清帝王休。

第十二种
夏商与西周，东周分两段。
春秋和战国，一统秦两汉。
三分魏蜀吴，两晋前后延。
南北朝并立，隋唐五代传。
宋元明清后，王朝至此完。

六、扑克牌记忆

扑克牌组成

54 张（去掉大小王 52 张）

四种花色

数字牌和王牌

扑克牌编码原理

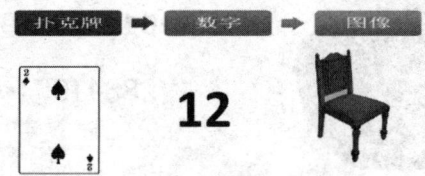

数字牌转换编码规则

♠ = 1　（黑桃一个角）

♥ = 2　（爱心分两半）

♣ = 3　（梅花有三片）

♦ = 4　（方块四个角）

扑克牌密码

编码	A	2	3	4	5	6	7	8	9	10	J	Q	K
黑桃	筷子	椅儿	医生	钥匙	鹦鹉	石榴	仪器	腰包	衣钩	棒球	工人	儿童	鸡翼
红桃	鳄鱼	双胞胎	和尚	闹钟	二胡	二流	耳机	恶霸	镁四	香烟	鼓儿	牛儿	企鹅
梅花	鲨鱼	扇儿	星星	绅士	山虎	山鹿	山鸡	妇女	三九胃药	三轮车	乌纱帽	流沙	花旗参
方片	蜥蜴	柿儿	死神	蛇	师傅	饲料	司机	石板	湿狗	司令	武士	螺丝	骑士

精准记忆——每个人都要掌握的高效记忆法

七、圆周率记忆

3.1415926535

89793238462

64338327950

28841971…

圆周率（π值）是个无限不循环小数，我们常用的有十几位。因此有人可能会认为记那么多"π值"没什么用。但是有很多人以记忆"π值"为乐，也有的人因此而入选吉尼斯世界纪录。现有的世界纪录保持者是一位中国人，他能记住5万多位"π值"。

实际上，记忆"π值"是一种很好的锻炼记忆的方法。大脑同人身上的肌肉一样，长久不锻炼就会发生"萎缩"，记忆力也会随之下降。很多科学家到了老年思维还很敏捷，就是因为常年动脑，经常思索和利用大脑。

基本操作方法：

（1）圆周率每10个数字为一小组，每50个数字为一大组，小组依据串联法将进行连接，每个大组前用一个数字桩进行定位。

（2）将每个数字通过谐音代码法转化为图像，用"魔力七"进行断句，串联成故事。

（3）每记完一小组10个数字后，参考遗忘规律每1天、3天、7天早晚进行复习（以小组为单位）。

（4）每记完一大组50个数字后，参考遗忘规律每1天、3天、7天早晚进行复习（以大组为单位）。

（5）记忆时大脑中想象的数字也要依据从上到下、从左到右的顺序，10个数字为一小组，50个数字为一大组进行排列。

（6）联想的图像需要与数字编码进行一一对应，辅助记忆的图像（文字）需尽量弱化。

（7）记忆熟练到一定程度后需要将图像从脑海中全部消除，复习或背诵时尽量不要去想图像。一共只有10个一小组，50个一大组的数字，如想不出来再通过图像来回想。

（8）复习时背诵或回想的速度由慢到快，最后要达到脱口而出的程度。

谐音记忆法：

中国人用的是谐音记忆法，外国人（母语为英语的）一般用字长记忆法。例：

3.1 4 1 5 9

Now I, even I, would celebrate

2 6 5 3 5

In rhymes inapt, the great

8 9 7 9

Immortal Syracusan, rivaled nevermore

3 2 3 8 4

Who in his wondrous lore

6 2 6

Passed on before

4 3 3 8

Left men his guidance

3 2 7 9

How to circles mensurate

八、《少年中国说》记忆

梁启超,中国近代思想家、政治家、教育家(1873年2月23日—1929年1月19日),字卓如,又字任甫,号任公,又号饮冰室主人、饮冰子、哀时客、中国之新民、自由斋主人,清朝光绪年间举人。戊戌变法(百日维新)领袖之一、中国近代维新派、新法家代表人物。

《少年中国说》创作背景

八国联军侵华,民族危机空前严重。《少年中国说》写于1900年,正是在戊戌变法后、作者梁启超流亡日本之时。那年是庚子年,由于帝国主义的侵略,中国爆发了义和团爱国运动。帝国主义联合起来,组成八国联军,勾结清政府,镇压义和团运动,攻陷了天津和北京等地。当时八国联军制造舆论,诬蔑中国是"老大帝国",是"东亚病夫",是"一盘散沙",不能自立,只能由列强共管或瓜分。而中国人中,有一些无知昏庸者,也跟着叫嚷"中国不亡是无天理""任何列强三日内就可以灭亡中国",散布悲观情绪,民族危机空前严重。

戊戌变法失败迫使梁启超逃亡日本,但他并没有就此放弃变法图强的努力,到日本的当年就创办了《清议报》,通过媒介竭力推动维新运动的继续。当时帝国主义制造舆论,诬蔑中国是"老大帝国"。为了驳斥帝国主义分子的无耻谰言,也纠正国内一些人自暴自弃、崇洋媚外的奴性心理,唤起人民的爱国热情,激起民族的自尊心和自信心,梁启超适时地写出这篇《少年中国说》。

《少年中国说》节选

(1)故今日之责任,不在他人,而全在我少年。

(2)少年智则国智,少年富则国富,少年强则国强,少年独立则国独立,少年自由则国自由,少年进步则国进步。

（3）少年胜于欧洲，则国胜于欧洲，少年雄于地球，则国雄于地球。

（4）红日初升，其道大光。

（5）河出伏流，一泻汪洋。

（6）潜龙腾渊，鳞爪飞扬。

（7）乳虎啸谷，百兽震惶。

（8）鹰隼试翼，风尘吸张①。

（9）奇花初胎，矞矞（yù）皇皇②。

（10）干将发硎（xíng），有作其芒③。

……

注释：

①鹰隼试翼，风尘吸张：雄鹰展翅试飞，掀起狂风，飞沙走石。隼，一种凶猛的鸟。吸张，收缩与扩张。

②矞矞皇皇：形容生机勃勃。

③干将发硎，有作其芒：宝剑在磨刀石上磨出，发着耀眼的光芒。干将，古代宝剑名，常和莫邪并说，泛指宝剑。硎，磨刀石。

九、《大学》记忆

《大学》

【原文】

大学之道,在明明德,在亲民,在止于至善。

【译文】

大学的宗旨在于弘扬光明正大的品德,在于使人弃旧图新,在于使人达到最完善的境界。

【记忆方法】至善(纸扇)

【原文】

知止而后有定,定而后能静,静而后能安,安而后能虑,虑而后能得。

【译文】

知道应达到的境界才能够志向坚定;志向坚定才能够镇静不躁;镇静不躁才能够心安理得;心安理得才能够思虑周详;思虑周详才能够有所收获。

【记忆方法】定、静、安、虑、得(定金暗绿的)

【原文】

物有本末,事有终始。知所先后,则近道矣。

【译文】

每样东西都有根本有枝末,每件事情都有开始有终结。明白了这本末始终的道理,就接近事物发展的规律了。

【记忆方法】知所(厕所);则近道(抄近道)

【原文】

古之欲明明德于天下者,先治其国。欲治其国者,先齐其家。欲齐其家者，先修其身。欲修其身者，先正其心。欲正其心者，先诚其意。欲诚其意者，先致其知；致知在格物。

【译文】

古代那些要想在天下弘扬光明正大品德的人，先要治理好自己的国家；要想治理好自己的国家，先要管理好自己的家庭和家族；要想管理好自己的家庭和家族，先要修养自身的品性；要想修养自身的品性，先要端正自己的心思；要想端正自己的心思，先要使自己的意念真诚；要想使自己的意念真诚，先要使自己获得知识；获得知识的途径在于认识、研究万事万物。

【记忆方法】

齐家（起驾）；修身（修身）；正心（整形）；诚意（衬衣）；先致其知（纸质）；格物（格格巫）

【原文】

物格而后知至，知至而后意诚，意诚而后心正，心正而后身修，身修而后家齐，家齐而后国治，国治而后天下平。自天子以至于庶人，壹是皆以修身为本。其本乱而末治者，否矣。其所厚者薄，而其所薄者厚，未之有也！此谓知本，此谓知之至也。

【译文】

通过对万事万物的认识、研究后才能获得知识；获得知识后意念才能真诚；意念真诚后心思才能端正；心思端正后才能修养品性；品性修养后才能管理好家庭和家族；管理好家庭和家族后才能治理好国家；治理好国家后天下才能太平。上自国家君王，下至平民百姓，人人都要以修养品性为根本。若这个根本被扰乱了，家庭、家族、国家、天下要治理好是不可能的。不分轻重缓急、本末倒置却想做好事情，这也同样是不可能的！

【记忆方法】

物格（五阿哥）；其本（棋本）；其所（七锁）；此谓（刺猬）

十、英语单词记忆

关于这一点,我们以九年级英语单词为例——像数字的字母

比如:

B b=6　　G g=9　　O o =0

Z z=2　　L l=1

再如:单词

zoo(动物园):Z=2　oo=00 可记作:"动物园里有 200 只动物。"

log(圆木):Lo=10　g=9 可记作:"盖房子需要 109 根圆木。"

boom(繁荣):boo=600 m= 麦当劳 可记作:"一座城市有 600 家麦当劳,好繁荣。"

lot(许多):Lo=10 t= 雨伞 可记作:"许多人在抢 10 把雨伞。"

后　记

美好的瞬间

1. 记忆力现场

2. 我们爱学习

（跟李践老师交流学习）

（跟冯小强老师交流学习）

（跟房西苑教授交流学习）

（跟苏引华老师交流学习）

（与影视巨星吴尊交流学习）

（与张雷老师学习）

3. 我们爱公益

（街头义卖为福利院儿童募集生活费）

| 后 记

（推举为衡阳好人上头条）　　（感召社会各界关注孤儿）

4. 我们懂感恩

（与家人坐直升飞机）　（带领学员做亲子活动）

（带领公司员工做爱心活动）

这不仅仅是一本书,更是一份礼物!